贵州省社会科学院民族学重点学科项目

本书获"2014年贵州出版传媒事业发展专项资金资助"

李桃⊙著

主编 索晓霞 罗 剑

『文化记忆·民族村落』丛书

浓缩的侗乡

堂安

TANGAN

贵州出版集团
贵州人民出版社

目录

丛书编委会

序

话说村寨

⊙ 彭兆荣

贵州省社会科学院的索院长嘱我为其主编的贵州古村寨系列作序，我不能拒绝。对她不能，因为她是我的好朋友；对我不能，因为记忆中最好的时光留在了贵州，那是我生命遗产的一部分；对民族村寨也不能，因为我跑了好多年贵州的村寨，也跑了好多贵州的村寨。

这一套丛书写得很有特色，最大的特点是以作者与村民的对话为线索，所以有了本序的"话说"：既有村民"言说"自己的村寨，有作者"访问"中的村寨，有"访谈"对话的设计，有时代语境的特殊"词汇"，也有序者对心里尘封老照片的历史"独白"，当然还有"让历史告诉未来"的后续……

所有的人都明白，言说是人类最为本真、最为通常的一种交流和表达方式。学术界曾经对"口述"做过考古测定：人类最迟在大约旧石器时代中期时，发声器官就已经进化得比较完善。也就是说，人类相对复杂的口头交际也就产生了。而这是距今大约10万年前的事情。

或许也正因为如此，人类在口头表述方面遗下了各种各样的言说"音声"和"语词"：人们劳动时所发出的"哼呀嗨哟"，据说是劳动的音像；有人说这是"诗歌"的渊薮。有人说，声音是自然的发凡和模仿，是为"人道"，诚如《礼记·乐记》所云："乐必发于声音，形于动静，人之道也。"

人们所熟悉我国古代的"论语"，是孔夫子教学的一种方式，于是，"子曰"拉开了正统中式教育的序幕。现代的人们又将"话语"挂在嘴边，心里想的却全是政治"权力"。其实，中国古来就有这样的政治。《礼记·乐记》就有："声音之通，与政通矣。"

恰巧，在近时的遗产事业中也将"口头传承"当成一种人类非物质文化遗产重要样态。当代学术界也在热烈讨论作为历史的"口述传统"，学者们将人类的"口头文化"与"书写文化"对立进而反思，通过对口述/书写"知识考古"的梳理，发现两种表述形式背后潜伏着巨大的"话语"权力和历史叙事。也因此，重新重视口头传统也包含着对书写权力抗争的意味。

相比较而言，人类的"书写"原来只不过是口述先祖的"后裔"。只是，一俟书写方式出现，尤其是被国家政治所相中，与印刷技术相结合，书写便成为表述权力的"注册商标"，并在"知识话语"的权力格局中形成了"区分与排斥"隔离规约，口述性表述方式按照既定的规则被区分、被排斥。这样，口述传统也就被挤兑到了民间俗文化的偏僻角落。

然而，文字表述的权力化"定格"，将口述传统中的鲜活特性扼杀殆尽。鲁迅先生曾以此为论题有过一段精彩的考述：

歌，诗，词，曲，我以为原为民间物，文人取为己用，越做越难懂，弄得变成僵石，他们又去取一样，又来慢慢地绞死它。譬如《楚辞》罢，《离骚》虽有方言，倒不难懂，到了杨雄，就特地"古奥"，令人莫明其妙，这就离断气不远矣。词，曲之始，也都文从字顺，到后来，可就实在难读了。（《鲁迅书信集·致姚克》，1934年2月20日）

从此看来，"书写过程"原来是一种具有历史性共谋"弑父"的过程，而自己也在这一过程中慢慢地"自残"。

人类学素以研究"过去"的村落为己任。研究对象大多是无文字的民族、族群，"口头叙述"遂为重要的认知来源。因此，与他们的"口头对话"也成为民族志"田野"范式的组成部分。在当今的实验民族志中，口述史时有被视为一种对"生命史"关照的对话方式。可知，"话说"原来并不简单。

这也提醒人们一种反思的维度：即口述更多属于"底层人民"发出的声音和习惯的表达方式。如果我们真正认可"人民创造历史"这一论断，那么，就要到社会基层去倾听人民的声音。本着这样的反思性认识，今天的许多学者自觉地来到人民的基层生活，索院长带领着她的团队正是秉承这样的原则：到民间去，到民族村寨去，去倾听他们的声音，去了解"乡土知识"和"民间智慧"。

正是藉于同样的原因，许多底层口述性历史资料也逐渐引起学界方法论的思考。传统既定的学科开始有了新的"整合"。今天，人类学家、民俗学家、文学家、史学家们已经开始联手研究底层人民一代代传递下来的口述历史，并通过这样的研究确立新式的"知识谱系"。学科、学术、学者也正在尝试着"联袂出演"的新剧目。

口述有其独特性，其中之一在于即兴口占的灵活性、现场性和创造性。它是鲜活的，是个性的，还是变化的。从研究角度，口述只是考据的一种"证据"，虽不可视之为唯一，却是当然不可或缺。对于纯粹的客观主义而言，它只是民间的表达；或许换一个场合、场景，或一位受访者，他们又有故事的"新版本"。这不奇怪。生活常新的景观也正反映在了这一个个故事版本的连缀之中。

贵州是一个多民族的省份。那里栖息着许多少数民族和民族。村寨是他们的家园。对他们而言，"家"是一个最具实体性、最有归属感的社会基层单位，无论是世居的还是迁徙的族群。同时，也是一个代际传承的遗产附着地。虽然"家－家园"的概念和意义一直处于变化之中，其内涵和外延的"边界"也不稳定，但从不妨碍"村落家园"是特定民族、族群人民生命和生活依据、依存、依附的归属之所。特定的人群是特定村落家园的主人。因此，由他们讲自己的故事，最为本真，也最为权威。

也正是在这个意义上，我们确立"家园遗产"的概念，它是人类遗产原初纽带，也是时下人们经常使用的"原生态"的根据。虽然在联合国教科文组织的定义中，遗产已经从地缘的、世系的、宗教的等范围上升到所谓"突出的普世价值"的层面，成为"地球村"村民共享的财产，但它也在同时强调，任何人类的遗产都要返回具体的"原乡"。那才是故事的原初地、始发地。

当笔者手捧着这一套沉重的书稿，心情也是沉重的。因为，其中的一些民族村寨我曾经走访过。他们中有我的朋友。一些少数民族的人民或许不识文字，却固然不乏讲述自己过去故事的本领。耳畔，乡亲们娓娓诉说仍余音袅袅。他们的故事常常这样开始着："古老古太……"，这样的"摆古"何尝不是一部民族和族群口述史的开始？要真正了解他们，何尝不从听他们的"心声"开始？

今天，我们回归最古老的口述，这或许是我们这一代学者以自己的方式参与古村寨保护行动的一种方式，以一种访谈的方式共同诉说家园变迁的历史。

如果你是这一块土地上的人民，如果你热爱这一块土地，请听听他们和我们的故事吧。"故事"本来就是历史：history—his story。

是为序。

2016 年 12 月 1 日于厦门大学

前言

贵州高原的老寨子

⊙ 索晓霞

〔一〕

贵州有许多与山水相依的老寨子

远远地看上去，很美

    贵州的山貌多姿，有高原的雄奇，有山地的灵秀，有峡谷的浩荡，有洞穴的深幽，有山与水的交响……

    贵州的山景多色，有四季远近高低各不同的绿，有满山遍野的杜鹃红梨花白桃花红菜花黄，有大瀑布旁彩虹的赤橙黄绿青蓝紫，有高原湖泊映照天空的碧蓝与金黄，有云雾变幻大山的妩媚与多情，有十里不同天的东边日出西边雨……

    贵州的山寨多样。这种多样与山貌的多姿有关，与山景的多色有关，与文化的多彩有关。贵州是个多民族的省份，有18个世居民族，聚族而居，成为传统，因此，贵州高原上，分布有苗族的寨子，布依族的寨子，侗族的寨子，水族的寨子，瑶族的寨子……贵州高原，山有多高，水有多高，因此，这些古老村落，有的建在山顶，有的选在山腰，有的落在山脚，有的守在湖边。过去，交通闭塞，信息不畅，这些老寨子沿袭着古老的生产生活方式，传承着古老的文化传统，村民们说着自己民族的语言，穿着自己传统的民族服饰，过着自己传统的民族节日，与天地共存，与山水相依，形成了具有鲜明民族特色的村落文化，创造了与自然和谐相处的人文地理景观。

远观这些古老的村落，山赋予了它们独特的美。这种美与雨后的云雾缭绕有关，与黄昏的落日余晖有关，与梯田里天空的云彩有关，与月夜里婉转多情的歌声有关，与独特的建筑样式有关……过去，外界对这些古老的村落知之甚少。偶尔，晨曦侗寨里的炊烟，黄昏田坎上的老农，吊脚楼上梳妆的少女，梯田里天空变换的倒影，秋日里禾架上稻谷的金黄，节日里族群妇女华丽的服饰、集体的狂欢、神秘古老的仪式，被那些不怕山高路远的摄影家用镜头捕捉，被那些被感动的艺术家用绘画、歌舞进行创造与呈现，被学者们用文字进行生动地描述。那时，这些寨子犹抱琵琶半遮面，藏在深闺人未识。对大多数人来说，这些寨子远在天边，神秘，遥远。远远看过去，很美，但很难触及。

〔二〕
贵州有许多古老独特的寨子
走近了解，很魅

以前，交通不便，"望山走死马"，能走进老寨子的外人不多。加上语言的障碍，能够走进去了解的人更是少数。如今，路修通了，村里能看电视了，互联网进村了，人们开着车进寨子容易多了。

老寨子有许多古井、古树、古路、古桥 、古屋，古老的民俗，老物件是老寨子的历史记忆。走走看看，拍拍照片，只能对这些物事留下些景观的记忆。如果有时间，如果住下来，与寨子中的老人们聊聊天，你会发现，那些井，那些树，那些桥，那些屋，那些民俗，都有看不见的魂。不仅如此，如果你呆得够久，如果你打破砂锅问到底，你会发现，老寨子里面有许多看不见的老故事，这些老故事有创世神话，有鬼神传说，有民族的历史记忆，有小人物的人生传奇，有人与自然的对话，有生与死的理解，有爱恨情仇的激情，有生活的大智慧，有生存的小心机……这些老故事与天地相关，与历史相连，与山林相系，与河流大地密不可分，与寨子中的人紧密相连。也许，鼓楼下闭着眼睛晒太阳的老人是村里的大巫师，村里百科全书似的活字典，全村人的精神领袖；也许，在与村民们喝酒聊天的时候，有人会告诉你，村里某某，一个相貌平平的男人是一位貌美如花的女子的投胎转世；当你追问某栋房子的门为什么被封堵？有人会告诉你"门朝洞，鬼来弄"，然后你会听到一段关于房主家的奇异故事；你会发现一个完全不起眼的山洞、村中一个看似平常的水塘，却藏着一场火灾的故事和相关的禁忌；修在村头的风雨桥不仅仅是给村民休息，还有锁住风水的保佑大家五谷丰登的美意……一个民俗活动，背后都有一系列故事。这些老故事是这些寨子的魂，也是这些寨子的根。

村落不仅仅是物质的构成，赋予这些物质以意义的，还有看不见的精神世界。老故事是老寨子的精神世界，它们藏在山林里，藏在溪流中，藏在山洞里，藏在绣衣里，藏在四季的更替里，藏在生老病死的仪式里，藏在老人的古歌里，藏在老人们的记忆中。它们与那些村寨中的古树、古街、古井、古桥、古屋、古民俗等看得见的物质文化和它们周围的自然环境一起共同构成了完整的、鲜活的村落故事……

"山林是主，我们是客"。他们靠山吃山，山是他们生存的依靠，但他们对自然山水充满敬畏，他们相信，万物有灵，他们用他们文化的方式与自然和谐相处。他们的堂屋供有天地国亲师的牌位，他们敬天地，爱国家，敬祖先，重师长。"饭养身，歌养心"，他们对生命充满敬畏，他们追求身心的平衡。他们在自己民族的传统中找到文化的归属感和身份感。

山给他们提供了庇护，山也造就了他们坚韧、执着、淳朴、豪放的性格，他们与山唇齿相依，他们筑屋，建寨，修路，他们开荒，造田，植林，他们创造出了稻鸭鱼一体的生态农业，他们栽岩盟誓共同保护山林，古老的村落与自然浑然天成，构成了独特的人文地理景观。

老故事让这些村寨有了历史的深度，有了文化的源头，有了时空的广度，也让这些老寨子有了与当代对话的高度。

如果你走进寨子，如果有机会了解寨子的古老故事，那收获的就不仅仅是城里人对乡村的诗意想象，也许，你会收获感动，收获震撼，收获沉思，收获惊喜……

〔三〕

贵州许多老寨子的文化记忆
正在渐行渐远

世上没有绝对抽象的文化，只有面对具体的人（人群）或物（事件）时，它才是可以理解和被感知的。村寨，是我们了解、理解一个民族的文化最基本也是最鲜活的小单元。

村寨文化是一个有机的整体，只有我们将需要了解的事物放置在这个有机的系统中，对它的理解才是真实的准确的。不仅如此，村寨与它所处的自然生态也是一个有机的整体，当我们认识这些有着久远的传统和历代积累的经验和智慧的文化时，也必须将村落放置在它的自然生境中，才是可以理解的。

贵州有许多老寨子，它们被人们描述为"文化千岛""散落在贵州高原的珍珠"。这些老寨子，是贵州高原开出的文化之花，是构成多彩贵州的最小的人文地理单元，是贵州民族文化的活态基因，村寨中的老故事，是贵州民族传统文化的宝贵文化记忆。可随着老人们的离去，年轻人的外出，这些文化记忆正逐渐消失。

2012年4月，住房和城乡建设部、文化部、国家文物局、财政部联合启动中国传统村落的调查与认定，把具有典型性和代表性的村落列入国家名录予以保护。截止到2014年，全国共有2555个传统村落被列入名录，贵州省有426个传统村落入选，名列第二位。当保护传统村落成为一个热词被广泛关注时，这些老寨子作为村民们按自己的逻辑建设的生活场所，正在被外部的力量改变。

我们正处在一个激烈变革的时代，也处在一个信息爆炸的时代，当我们被各种铺天盖地的信息淹没的时候，这些古老村落的文化记忆正在离我们远去。过去，在相对封闭的自然生态和文化生态中，生活即教育，关于文化关于传统，孩子在成长的过程中通过耳闻目睹，通过言传身教，不断强化，不断习得，代代相传。如今，许多年轻人去了城市，许多在家的孩子接受的是现代学校教育，课堂上的内容与乡村没有了关联，与生于斯长于斯的村落没有了关系，传统文脉没有了延续的后人。村落里的老故事已经被年轻人认为是过气的旧事，不值一提。

新旧更替是历史的潮流，文化的创新也是大势所趋，当我们一次一次深入乡村，当我们一次比一次更艰难地挖掘那些看不见的文化意义，寻找乡村的精神世界时，我们发现，村落文化正在受到城市文化的巨大冲击，传统的农耕文明在现代文明的滚滚浪潮裹挟下不知何去何从，许多老故事随着老人的去世逐渐消失了，许多文化符号的意义失传了。这套丛书，是我们在从事国家社科基金项目"少数民族传统乡村社区文化环境保护与发展研究"时，对贵州一些民族村寨多次田野工作的一个成果，在大量的村民口述中，我们听到了他们对自己文化的传统，对自己村落的历史，对自己的文化的评价，虽然只是一些个体的说法，但也反映了一定的真实，至少，不是我们作为研究者和外来人想象出来、杜撰出来的。

作家阿城将贵州苗族文化的研究放置在中华文明形成的历史长河中，在《洛书河图》中，他通过造型解读认为，苗族服饰图案直接传承自新石器时代，是罕见的上古文明活化石。

我们希望，这些被记录下来的老故事，能给寻找乡愁的游子留些记忆，给传统村落的文化记忆留些口述的历史。

当口传的文化意义失传时，我们希望，我们在这些村落所做的记录，为后人了解、理解这些古老的村落留下些在场的记忆，为外人了解贵州高原上的文化传奇和文化的多姿做点我们小小的努力。

堂安

题记

　　古老而祥和的寨子静静地站在半山腰，一脉清泉汩汩流过，串起鼓楼、风雨桥和一座座柏木青瓦的吊脚楼。云雾缭绕中，山上山下的梯田如梦幻般层层铺开，山水之间，是秉承祖先智慧生活的侗家人。这里被称作"梦里才能到达的地方"，这里是贵州省黔东南苗族侗族自治州黎平县堂安侗寨。数百年岁月淡淡流过，却没有留下太多痕迹，堂安的鼓楼、戏台、吊脚楼、石板路、古瓢井以及侗族服饰等保持着较为原始的风味，被世界著名的挪威生态博物馆学家约翰·杰斯特龙称为"人类返璞归真"的范例。"浓缩的侗乡"如今依然宁静而安闲。

　　贵州省黔东南自治州是我国最大的侗族聚居地，而黔东南州黎平县则是我国侗族聚居最多的县，号称"八百里侗疆的腹地"。黎平是传说中侗族女神"萨"诞生和起义成仁之地，是侗族文化重要发祥地、中国侗族文化中心。堂安侗寨历史悠久，建寨数百年至今保持着的原汁原味、古朴浓郁的侗族风情，给它带来了来自各方的荣誉与关注——它是黔东南州重点民族文化旅游村寨之一，是贵州省重点保护和开发的民族村寨之一，是中国与挪威合作建设与保护的中国唯一的一座侗族生态博物馆。2012年12月，堂安侗寨第一批入选中国传统村落名录。

浓缩的侗乡
——
堂 安

第一章

地理

堂
安

T

A

N

G

A

N

一、地理位置

　　堂安是一个行政村，属黎平县肇兴镇，地处黔、湘、桂三省区毗邻地区的侗族南部方言区的中心，距黎平县城81公里，距从江县通往广西三江、桂林的321国道35公里，并有省道互相连接。堂安村坐落在肇兴东边的"弄报"山半山腰上，面"关对"坡，距肇兴乡人民政府驻地6公里，是一个宁静典雅，很有点历史感的侗族寨子。其对外交通主要通过1.5公里长的公路与肇兴至水口县道相连。要说堂安村，可能不如"堂安侗寨"这一别名来得名声响亮——堂安侗寨是肇兴景区"八寨一山"中最有名的一个寨子。

标志性的路口，沿这条路上行1.5公里便是目的地。

肇兴侗寨景区八寨一山示意图

　　去堂安，有两条路可选：第一是乘坐各种交通工具先
到肇兴，穿过著名的肇兴侗寨中心区，一直向东，快到寨
子尽头时，有一个仁团鼓楼，跨过旁边的小石桥，大概几
百米后便进入蜿蜒的山路，这条6公里长的山路直通堂安。
这条路从山脚到山腰几乎是以向左转九十度——右转九十
度——再左转九十度的角度盘旋前行，但路面是标准的柏
油路，非常平坦，而且两边是一色的树木农田，远望则是
高高低低的山峦，田园景色相当诱人。不过穿过肇兴古
镇必须购买门票，目前价格是100元/人。当然，你如果
喜欢在山林和梯田中穿行，更可以选择从山间小路步行而
"上"——因为堂安在肇兴东面的山上，当地人会告诉你

"顺着河水流淌过来的方向，沿着乡间小路，一直往上走就行了……堂安就在那边高高的山坡上"；第二是开车走厦蓉高速，在水口县收费站出站，转 X870 道再转 X868 道，直达堂安。这段路也是柏油路，全程大约 45 公里，是一种比较省钱的走法，前提是你只去堂安，不游肇兴，那么便可省去肇兴景区门票这项费用。

从堂安路口一路上坡，车速大概在 20 码左右，在弯弯山路上走了 15 分钟，上到半山，转到一座山背后，很突然地出现了一块明显是修整过的平地——这就是堂安村专用停车场了。抬眼望去，堂安村安静地出现在我们视野之中——海拔 840 米的（中国传统村落档案中，堂安海

山腰上的堂安

〔1〕贵州省民族事务委员会、贵州省民族研究所编《贵州六山六水民族调查资料选编（侗族卷）》，贵阳：贵州民族出版社，2008：290。

拔的数据是 765 米）堂安侗寨，建在半山腰上，三面环山，另一面则是层层向下的梯田。堂安的地势很独特，如果把整个河谷比作一个圈椅，这个椅子的方向，是坐东南朝西北，堂安就在椅背的最高处，俯视山谷，两旁的山脉是椅子的扶手，其间点缀着几个村寨，一道山溪穿越河谷流向山脚下的肇兴。在谷底的肇兴正处在椅面的位置。

村口一带地势稍低的梯田中，是最好的观赏堂安全景的地方，从这个角度抬头望去，一片深棕色的侗族传统吊脚楼依山而建，层层向上，错落有致地掩映在葱茏的树林之中，如果天气晴朗，还可以看到寨中鼓楼的尖顶，甚至高出许多树木。据说，堂安村建在半山，开阔的"关对"山坡向堂安斜展，形若猛虎；而海拔 935 米的"弄报"山环抱着堂安寨子，形若雌狮。所以，堂安村口的木制寨门楹框上刻有一副对联，上联是"堂安似虎千年保东泰"，下联是"安间如狮万代守西平"，横联是"国泰民安"，形象地介绍了堂安寨侗族文化与大自然融为一体的价值意义。〔1〕

寨门旧貌

如今的"寨门"尚待重修

看来，侗寨的选址完全符合相关资料的描述："侗族村寨多选在依山傍水的地方，这和他们的分布区域密切相关。我国侗族主要分布在贵州省的黎平、榕江、从江、锦屏、天柱、镇远、剑河等县，其次是湖南省的新晃、通道、绥宁、城步、会同、靖江等县和广西壮族自治区的三江、龙胜等县，在湘、黔、桂三省（区）毗邻的广大地带苍翠的山谷里，山峦重叠，杉木葱茏，桐茶遍岭。"[2]同理，有学者考察认为，侗族本身就是一个以水稻耕作和人工营林为主要生计的山地民族，侗族村寨在分布和选址的原则上都深深打上了山地民族和稻作民族的双重烙印。侗族分布区的自然环境和生产生活方式的需求，决定了侗族村寨大多坐落于河谷盆地、低山坝子、缓坡台地，或山泉较为充足的隘口地带。青山环抱、碧水长流、避风向阳为其主要特点。[3]而在我看来，堂安这个寨子的选址是完全体现了"青山环抱、碧水长流和避风向阳"的三大特点。

〔2〕http://baike.so.com/doc/6376423.html
〔3〕冯祖贻，朱俊明，等著《侗族文化研究》，贵阳：贵州人民出版社，1999：40。

村口的梯田美景

　　青山环抱不用多说，这个很直观——堂安侗寨本就在
"弄报"山半山腰上，面"关对"坡，顺着山势向下斜展，
大致方向是坐东南朝西北，也许正因着这避风向阳的地理
条件，这里的森林长得格外葱郁，一个"弄报"山一个"关
对"坡都满是原始森林，放眼望去除了绿色还是绿色，深
深浅浅的绿色和略带甘甜的清新空气便为这"青山环抱"
四个字作了最好的注脚。而碧水长流对于堂安更是特色中
的特色——因为植被丰茂，山林中优质泉水四季不断，而
优质的水源从来都是侗族人选择聚居地的重要标准。侗族
人认为水是灵性的象征，所以选择落脚的地方一向是以山
为靠，伴水而居。

侗味苑门前便是进村主道路

　　进入堂安侗寨只有一条主路，干净整洁的青石板路看上去像是没有经受多少磨损，应该是才修不久。路面不算宽，两人并行的话，如果有农用三轮车经过，就得停下来让路。这条石板路就是寨中主路，沿着左边的山体弯弯曲曲向前，左边是依山而建的民居，房屋大多数取南北向，大门和窗户多面向开阔的梯田；右边村口处是层层往下的梯田和葱茏的树林，不远处山下的小河沟上还有一座木结构的小桥——应该就是侗寨三宝（鼓楼、大歌、风雨桥）之一的侗族的标志性建筑——风雨桥了。沿着青石板铺就的主路往前走，右面的田园风光逐渐被各式民居取代。主路两旁也渐渐分出一些同样是青石铺就的小道，一米来宽，石板也不是很规整，很多地方已经磨得光滑泛出青灰色，明显比主路早修了很多年头，看来这些才是堂安寨子的早期道路形象。弯弯曲曲的小石板路向左深入，便"爬"上了山坡，再分成更小的便道进入各家各户；向右，则多是向下的青石梯步，同样一级级深入到民居

之中，远远地还可以看见一些窄窄的石阶渐渐没入山下青绿的稻田、树林里。这些小道可以直接通往山间的梯田。沿着主路前行，一路有些缓缓的坡度，大概不到一公里，便是主路的尽头，也是侗族村寨传统的中心建筑——鼓楼。鼓楼和戏台都是侗族的标志性的建筑，通常相距不远，其自然形成的公共空间是侗寨的中心区域，也是侗族传统聚落的公共空间。

二、村寨环境

资料显示，堂安侗寨属于高原地势，平均海拔约840m，平均坡度28°。所处地带属中亚热带季风型气候，温和湿润，雨水适量，冬无严寒，夏无酷暑，年平均气温15~16℃，无霜期为310天左右，年降水量1200～1320mm，年平均日照时数为1360小时左右。植被

站在村口远眺山谷里的风雨桥

覆盖率约57%，主要树种为松、杉木、枫树。事实的确如此，在村口我们就可以感受到遍布梯田、树林的田园风光，进得村来便发现，堂安村本身就在山林环绕之中，清泉随处可见，水源充足，沿着山坡上、田坎边、道路旁的沟渠流往下游，据说是汇入肇兴溪、洛香河，然后再流入都柳江。[4] 民居多依山而建，房前屋后也种有不少植物，稻田就穿插在树林和溪流之中。赢维光老人是寨老之一，同时也是寨子里的鬼师，他说："山上主要是杉木，其他我们也喊不出名字，每家都有树，卖的很少，多数用来自己用，修房子，杂树主要用来烧火。（寨子后面的）山上以前有老虎，我倒没见过，我奶他们见过。生态很好。还有野猪之类的，现在也还有，这段时间也差不多要来了，来偷吃红薯。蛇也多。"在村里人的观念中，山土水树等等都是有灵性的，不能轻易扰动。

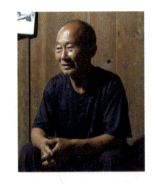

赢维光

访谈实录：

○ 受访人：**赢维光**（堂安村民、巫师）

○ 时　间：2014 年 8 月 10 日

　　"比如（我们村民）不准在后面这个山上乱挖、乱建，会影响到村里的小孩子，这个生病那个生病，影响孩子健康成长，是不允许的。如果一定要动，要请鬼师去做一些法事才能动，挖好了以后也要做法事。砍树主要是不能砍风水林，主要是下面（村口山脚下）风雨桥上面那些树是不能砍的，（风水林主要）是挡住寨子风水不流出去的意思。以前没有风雨桥主要用树来挡，后来才有那片林子，也是这个作用。林子都是寨子里的人自己捐出地来种的。"

〔4〕贵州省民族事务委员会、贵州省民族研究所编《贵州六山六水民族调查资料选编（侗族卷）》，贵阳：贵州民族出版社，2008：290。

在村支书吴坤龙的访谈中，也多次提到村里人对山林的保护："我们（村民）不捕鸟的，以前农闲时鸟也多，一到冬天什么鸟都有。没统计过，好多叫不出名字，侗话里有些有名字。后面那个山叫护龙山（音）。老人传下来山上植被是要保护的，一点不能乱砍，砍了全村人都不同意。一动到那里就触犯村规民约了。怎么处罚？罚款五百到一千，不罚现金你就拿酒和米来鼓楼那里来向全村人赔罪，哪怕罚一两酒，你也没面子。前几年有砍树受罚的，最后罚酒到鼓楼那里，全村人都来喝，全村人都知道你干坏事了，你没面子。"在吴支书提到的"堂安村规民约"里，我们切实地找到了几条用最本真的经济手段"罚款"对村民破坏森林树木的行为进行惩罚的规定："……上山不要弄火，乱丢烟头。如发生火灾罚款500~1000。此罚款作为上山灭火者奖励费用。……四、森林管理和使用规定 1. 对村民小组划分给本人管理的并获得林业部门发给的林权证书的必须要造好林管好林，不许任何人和单位侵占、蛮占。包括划分前另有他人造的划分后归谁，谁就有权管理和使用；……木材自用或砍伐出售时，必须报经村民委和林业部门审批后方可，

否则按《森林法》有关规定进行处罚。……凡是进入他人责任山乱砍乱伐的，发现一次除了赔偿损失外，杂木罚款 10 元 / 蔸，杉木 100 元 / 蔸。"

据说堂安侗寨是弄报山怀抱中水源最充沛的村寨，全寨共有 13 座水井，而由这些水井构成的水系网络几乎覆盖了堂安村的家家户户，从中大可看出侗族人对水的依恋。

访谈实录：

○ 受访人：**吴坤龙**（堂安村支书）

○ 时　间：2014 年 8 月 11 日

"堂安的水资源比较丰富，主要是因为生态环境好，周围山多树多水源丰富，多年来村民就主要靠山上的泉水浇灌田地。村里不同的水源都有固定的水道，是长久以来形成的，村民田地的灌溉也有一定的规则，大家都要遵守。要按老人家的规矩，各用各的水源。如果只是喝，那是随便喝的，但是灌田的时候尤其是水特别紧张的时候，就是要按规矩。以前老人都用石头开了槽，你五亩田（石槽）就开得大一点，你只有三亩田（石槽）就开得小一点，水沟大小决定你的用水量。水来的时候就根据这个来灌溉。（谁）也不能去堵人家的，不能抢人家的。现在这个水道也还是这样。水井主要是饮用，往下流下的灌田，再往下就是流往肇兴了。村里以前还有个水碾，不用人踩，就靠水流推动，一天能解决两三家的稻子。"

另一位吴姓村民也说："我们水源特别丰富。瓢井只供人喝，我们的水全部是从坡顶引下来的。我们植被好，后面全是大森林"。村民陆跃刚也说："堂安的水特别好，那水是冬暖夏凉。……夏天你到堂安来看，他们肇兴人晚上都要到堂安打一壶水来才吃饭……"

丰富的水资源也滋养出了堂安又一道美景——堂安梯田。堂安的梯田遍布山前山后、村寨内外，从堂安到肇兴，漫山遍野，除了森林便到处都是侗族群众历经数

百年修筑的大大小小的梯田。这些梯田田块多依地势而建，春夏两季，翠绿的秧苗将整个山坡装点得绿油油一片。秋季，满眼都是金黄色的稻谷。冬季，则别有一种山寒水瘦的意境。总之，无论是哪个季节，这"万顷梯田"都令人流连忘返。据说堂安梯田的建筑方式也是一绝——别处的梯田大都是泥土垒成，而这里却多数是用石头堆砌而成的。大概是因为这里山形较陡，加上山中石头较多，便于就地取材吧。堂安的梯田美景如今早已名声在外，在摄影爱好者和驴友眼中，堂安梯田可是与加榜梯田、元阳梯田等并列梯田美景的。站在高高的弄报山上，展望远远近近、大大小小的梯田，一层又一层地从山脚下层叠而上，一直到白云缭绕的堂安侗寨，一道天然的稻作文化的"画卷"便跃然眼前。

第一章

历史

堂安

一、200 岁？ 700 岁？

由于历史上侗族没有文字，堂安到底是什么时候建起来的已很难考证了。我们得到的说法有两种：一种说法是堂安有 700 多岁。寨子里的老人们说起祖先什么时候开始在这里定居，几乎所有人的开场白都是"……听老人们说，在这里来了有 700 多年了……"这种说法代代相传，所以村里人也都据此认为堂安寨子有 700 多年历史了。第二种说法相对较为官方：中国传统村落档案（档案编号：522631- 041 号）中明确："堂安侗寨……村落形成年代：清代……堂安始建于清朝嘉庆年间（1795～1820 年）……据初步考证，堂安侗寨是由厦格上寨鼓楼的大家族外迁形成。"此外，村口介绍生态博物馆的木牌子上也清楚地写着"堂安侗寨始建于清朝嘉庆年间（1795～1820 年）……"（经查证，嘉庆年间是 1796～1820 年，编者注）这样算来，村寨应有 200 多年的历史。这样说来，堂安有多大"年纪"暂时还没有定论，不过，哪怕是 200 多年的历史，也足以沉淀出堂安古朴、淳厚的民风与气质。

二、"堂安"名称的由来

堂安村民的祖先们为何选择在这里定居？"堂安"在侗语里有没有什么特别的意思？许多资料都提到过，比

如，有一种说法是，堂安侗语里称为"Dang an"，音"当
埯"，侗语里"Dang"是烧的意思，而"an"是灰的意思，
合起来意思就是火炉灰。侗族经常烧火的地方就叫"Dang
an"。还有一说是，当地侗族妇女织布时要用稻草烧成
灰，再用灰做成碱水来染布，稻草烧出的灰在侗话里也叫
"Dang an"。第三种说法是，侗话里说堂安，意思是直接
译音"DANGAN"，就是鼓楼附近水井那里长"AN"菜（一
种水生植物），水塘在侗语里就是"DANG"，意思就是，
塘里面长着 AN 菜。

　　另外，当地老人有个说法说这个村十年一火，所以村
子就起名叫"Dang an"，就是火炉灰的意思[5]。而"中
国传统村落档案"里，关于堂安名称由来的表述是：堂安
侗寨是由厦格上寨鼓楼的大家族外迁形成。距离厦格上寨
鼓楼较近，且水资源较为丰富的区域是先民选择堂安建立
村寨的主要原因。这应该可以算是比较为当地群众认可的
说法吧。堂安侗寨的选址也与好的饮用水源密不可分，这
一点在寨子里老人的讲述中多次得到印证。

　　2014 年 8 月 10 日晚，沿着鼓楼右边长满青苔的石板砌
成的小路，经过几排古朴的民居，再穿过一条窄窄的巷子，
我们走访了村里一位年长的巫师赢维光，这是我们当天在
鼓楼打听到的。说来也巧，他就是白天在鼓楼下和我们闲
聊的赢姓男孩的爷爷，是堂安村现任村长赢勇文的父亲。
也许是因为寨子不大且各姓通婚的缘故，寨子里的人们彼
此多多少少都有些亲戚关系，比如，后文中受访者陆新华
是小男孩的祖父，他的孙女陆艳情就是村长赢勇文的妻子，
算来陆新华老人比赢维光还要长上一辈。说起堂安古老的
传统故事，老人知道得多些，因为老人可以听一点普通话，
但说不了，所以得村长在一旁做翻译。

〔5〕世界银行贷款贵州省文
化与自然遗产保护和发展项目
（中期）社区工作评估及重点
社区基线调查。

访谈实录： ────────────

○ 受访人：**嬴维光**（堂安村民、巫师，男，63 岁）

○ 时　间：2014 年 8 月 10 日晚

　　"（关于寨子的历史）这些都是没有文字记载的。（村子的祖先）最早从江西过来，各地住了几年，最后搬到厦格上寨。有一年有两个小孩子养的鸭子没有主动回家，就去找，发现这里（堂安村现在所在的位置）居然还有一个峡谷，又有'冲'（侗话里的水塘）水源充足。两个孩子坐在石头上唱歌忘记回家，大人来找（孩子）发现这是个好地方，就想到在这里开田定居。（后来还发现）鸭子在这里待了几天之后，生的蛋都有双黄。老人家就说这里的山水非常好，后来就搬来了。"

　　说起村寨的历史，村民们的说法都很类似：一是和动物发现好水源有关；二是自己的祖先最初都是住在厦格的，后来才从厦格慢慢分出来，搬到堂安居住。也正因为如此，加之都属于"八寨一山"范畴，且厦格侗寨离堂安不过一公里左右，堂安与厦格两个寨子的关系非常近，许多人家都有亲戚在厦格，碰到重大节日等，堂安有的人还会回到厦格去祭祖。

访谈实录： ────────────

○ 受访人：**吴坤龙**（堂安村支书，男，43 岁）

○ 时　间：2014 年 8 月 11 日

　　"堂安是侗语'当安'音译的，来源于古井旁边的水塘。我自己从小就听村里的老人说，堂安这里最早是据村支书吴坤龙提供的较为准确的数据，全村182户，按计生户算则为207户，其中陆姓80多户，嬴姓60多户，潘姓10多户，兰姓2户，吴姓3户，杨姓2户且是两兄弟，石姓1户，我们每个姓选取一家作为代表，邀请全家人一起拍摄全家福，地址都选在自家大门外或者堂屋里。

一片大森林，祖先最早是居住在厦格的，因为家里养的鹅不见了，祖先找到这里，发现有水塘、有浮萍，井水冬暖夏凉。老人们相信动物的感觉，知道这里是好地方，就搬到这里定居下来，开始建起住房，然后才修了鼓楼、戏台。"

三、口传中的姓氏与家族

关于村民祖先从哪里来，我们在堂安考察中，听到了多种说法。据堂安村村支书吴坤龙（男，40来岁）说："村

1

2

民的祖先多是 700 年前逃避战乱来到这里的。兰姓是最早
到达这里安家落户的房族，陆家是第二家，随后是吴家，
吴家到这里已经有 500 多年了。后来分出去几个公。有一
个说是，以后要做什么成功，都赢，就改姓赢了。"他的
这个说法在一位赢姓村民的口里得到了印证："赢姓以前
也是姓吴，听老人说，我们是从江西吉安过来的，姓吴，
来到四川，最后来到贵州。先到水口那边住，那时代因为
人少了被汉族欺负，后来跑到厦格住，就平安了，就改为
姓赢了。……（老人）放鸭子出来，一个多月都找不到，
后来在这里（堂安）找到，发现生了一窝蛋，就说这地方

1 兰克培全家福
2 赢建贤全家福
3 陆跃刚全家福
4 杨再文全家福
5 石成章全家福
6 潘正才全家福
7 吴坤龙全家福

4

5

6

7

一定好，就搬上来了。……以前也是有家谱的，后来都大火烧掉了，老人又过世了，年轻人也不重视。"

　　据了解，现在村中一共有七个姓氏，赢、吴、陆、潘、兰、石、杨。其中陆姓房族最大。据说这里的陆姓是朱元璋的后裔，吴支书说自己曾在陆家房子里亲眼看见，柱子上刻有"陆家从江苏 XX 地 XX 村迁至堂安"的字样，但后来房子被火灾烧掉了。目前堂安村的陆姓大约有 300 多人，有两个房族（分为大陆，小陆）。吴支书说，自己所在的吴姓听老人家说是"从江西过来的，有三个公（侗话里爷爷的意思），一个在上游，一个在下游。下游在广东"。一位在鼓楼下休闲的老人陆新华（男，70 来岁）则说，村

正在修建的生态博物馆接待中心位于村口左侧的高坡上

里的陆姓是从江西过来的。自己九几年还回去过（江西）一次，坐车连走路用了二十几天。他说听自己老辈说，陆家当年本姓朱，有六兄弟，因为抗粮，几兄弟从江西一路跑到湖南，又从湖南跑到黎平，这个过程中为了逃避追杀就改姓陆了。陆家是第二家在这里落户的，当时兰家已经在这里落户了。再具体一点，陆老人说，当时先是跑到厦格，后来又从厦格搬到堂安定居下来。

一位陆姓村民说："堂安寨子里的人多数都没得文字，没得到记录，老人家讲得出来，比如，我们姓陆是江西吉安来的，在那边吃不消了，就搬，到了洛香住了一段，后来又到厦格中寨，后来又搬上来，搬到堂安，不到一百年吧。因为老人家说，我们兄弟太多了，我们到那边山上去找猪菜（音"安菜"），才发现这个水好啊，我们就从（厦格）中寨分了一些人上来，中寨的鼓楼都是我们老人家一起建的。堂安这个井水特别好。当时的老人拿石头来修（水井）。我也是听老人家说的，也不是很清楚。只知道我们原来是姓朱，朱德的朱。到贵州来了，就改姓陆了。"

第三章

文化

堂安

　　对于堂安侗寨自然景物和古朴的建筑与民俗，约翰·杰斯特龙先生说：“这里的一切自然和文化遗产都被看作是生态博物馆的一部分，任何实物都可能成为社区人民过去的历史记录。”

一、聚族而居，典型的侗族文化空间

　　侗族聚族而居，大寨三四百户，小寨三五十户，极少单家独户。堂安侗寨利用半山的地势较缓处而建，村寨以鼓楼及其公共空间为中心向外辐射，构成蛛网式的道路网络格局。村寨形成较为明显的五个组团，包括围绕鼓楼东西南北四个组团和村寨北面的新建组团，每个组团之间有一定的绿化分隔。民居建筑与寨门、鼓楼、戏台、风雨桥等传统公共建筑协调呼应，石板村巷、石制瓢井、禾晾、谷仓、鱼塘、井亭、祭萨坛、土地庙等，构成一个典型的侗族文化空间。

堂安村选址格局图（图据中国传统村落档案，编号：522631—041）

1. 家，堂安人的私人空间

堂安侗寨的民居基本还保存了浓郁的侗家特色，传统民居建筑基本采用传统的干栏建筑形式，以木结构形式为主，依山就势，悬空吊脚，多为 2～3 层，左右连"偏厦"。屋顶有的用杉树皮覆盖，也有的用小青瓦覆盖。一般底层架空堆放杂物或饲养牲畜，二楼以上住人，前半部为廊，宽二三米，为一家人休息或手工劳动之所。走廊里边正间为堂屋，卧室设于两侧偏厦或第三层楼上。顶楼存积粮食，糯禾多挂在上面。初入村民家中的人也许会很不习惯——从光线明亮的屋外进入民居，一下子会觉得光线暗了不少，而且气味也不太好——几乎家家的牛、猪等的圈都安置在这里，自然粪便总是有的，而旁边各处就堆放着杂物，最多的是动物们的饲料、柴草和各种农具以及水桶等物，你得从中找到楼梯，上到二楼才是主人的居所。通常正中的一间是堂屋，屋内有神龛、火塘，是待人接客和全家人活动的中心场所。

如今，堂安村民修建房屋形式也开始发生变化，新修和在建的房屋中出现了完全不同于传统建筑的"水泥房子"，红砖、水泥配铝合金门窗。还有不少就如我们之前看到的客栈的类型——底层用砖和水泥修建，外面再贴上木皮，刷上亮漆，这样外观看上去还是传统的侗族吊脚楼。这样改建的主要原因在于传统木结构房屋最大的隐患是火灾。近年来堂安发生几场大火，烧毁了不少房屋，因此改建后的房屋多在基础工程部分用水泥和砖块修建。此外，随着近年旅游业的发展，到堂安旅游的人越来越多，对住宿有较大需求，而提供住宿一个必备的硬件是卫生间。传统侗族民居建筑是没有卫生间的，需要改良。

1

2

3

4

　　说到民居，火塘不可不提。侗族家庭必备的火塘，多设于堂屋，平时用于烧水、烹煮食物，全家人围坐一旁就餐，冬季则围聚取暖聊天。如果说鼓楼是全寨人的活动中心，那火塘就可以算得上是侗族家庭成员活动的公共空间、中心区域了。如今侗族家庭里的火塘形式不一，能见到的都是"改良版"了。一种是相对最简单且原始的——火塘设在一楼直接连通厨房，因为一楼地面是泥地，所以火塘也就"因地制宜"地在地上挖一个脸盆大小、深不到 20 厘米的坑，周边用砖砌成正方形；一种是新式民居里的火塘——不少民居是新建不久的，地面全部铺的是颇具现代感的地砖，所以火塘就是提前在地砖中预留的一个边长大约 60 厘米的空间，深也不过三四十厘米；更多的村民家里，因为房屋新建或者改建的关系，都没有专门设置火塘，而是改"火塘"为"火盆"——一个铁或者钢制炭盆，再配上一个木制火盆架，便成了可移动的改良版火塘，既移动方便也兼顾了取暖需求，也算是没有完全抛弃侗族传统的"火塘文化"。更有一些村民家里连火盆架也"改良"了，直接用废弃汽车轮胎取代，倒也不失为一种废物利用的创意。

　　据说侗族最早的火塘多是在地板上以条石砌成火塘，上置火棚格架，供熏烤晾晒之用，天花楼板处透空，以利排烟。火塘上通常还会用三块石头（后来多改用铁或者木制三角架）垒就一个简单的"灶"，放上锅、水壶等，直接用于烹饪。当初的火塘既是各家各户烤火炊事之处，又是祭祀祖先灵魂的地方，所以火塘上的三角架是不能随意移动的，人在活动时也不得随意从火塘处跨越。不过如今在堂安，这样传统的火塘已经很难寻觅了，关于火塘的那些古老而神秘的传说自然也不复存在。

2.　道路与池塘，侗寨风雨的见证

　　堂安侗寨的道路是让许多游客流连的侗乡特色。传统的侗族村寨大路小巷多以石板或者鹅卵石铺设而成，堂安也不例外。寨中的巷道四通八达，皆用青石板铺就，弯弯曲曲高高低低的石板小路密布村里每个角落，通到各家门前。稍大些的石板路两旁还修有明沟暗渠，不时有牧归的牛停下来畅饮一番。当然这样的设计主要不是为了它们解渴，而是为了及时排除村中积水。一级级的石阶从山下的小河边蜿蜒向上，直至与村中道路连为一体。村民说，除了从村口进来这条主路是近年来政府投资新修的，村里其他多数道路都是"以前老人们修的"，看来，这些石板小径无愧为堂安寨子几百年历史的"见证者"。而就在这些小路、小巷周围和民居的附近，还点缀着大大小小的池塘，

1. 民居及石板小路
2-3. 消防水塘随处可见

1

2

3

一年四季贮满水养着鱼儿。可不能小看了这些池塘，它们同样是侗寨几百年风雨的见证，而且还有着"保护者"的身份——这些池塘不是简单的鱼池，它更重要的作用在于防火，因为侗族传统村寨建筑都是木质结构，只要一家失火，便会殃及近邻，有时会将整个寨子化为灰烬。关于水塘和火灾的关系，随便一位村民都能说出个一二三。一位赢姓村民说："堂安火灾一向都多，为什么？老话说堂安是在水牛的背上，老话说水牛一二十年，三四十年必须要起一场火，大小不一定，水牛觉得背上有点重了，动一下，就起火了。还有说法是，起火的地方在鼓楼的左边，那里的火一起就灭不了，哪怕发现得早，用水消防栓都不管用，而右边起的火就是可以灭掉的。所以现在就保留一个很大的水塘。"所以侗寨总是把防火安全放在首位，而这些池塘多年来也很好地起着蓄水池的作用，这样一旦有火情村民便可及时就地取水扑救。水塘的存在增加了村寨房屋之间的建筑间距，形成防火隔离线，具有一定的消防隔离效果。村民说，以前对于防火安全，村里还有一句多年流传下来的老话，"火来不留情，烧去房子烧死人，烧了房子还能建，烧了粮米就没命"，可见防火对于侗族群众的重要性。

3. 鼓楼、古井、萨堂……堂安人身与心的所在

【鼓楼】　　　鼓楼是侗族一村一寨或一族姓的标志，也是一村一寨或一族姓的政治、文化活动中心。清嘉庆李宗昉《黔记》说："邻近诸寨共于高坦处建一楼，高数层，名聚堂。用一木杆长数丈（尺），空其中以悬于顶，名长鼓。凡有不平之事，即登楼击之，各寨相闻，俱带长镖利刃齐至楼下，听寨长判之。有事之家，备牛待之。如无事

而击鼓及有事击鼓不到者，罚牛一只，以充公用"。《三江县志》描述鼓楼诗曰："吹彻是要芦笙岁又终，鼓楼围坐话丰年"。由此可知鼓楼在侗族生活中的地位和作用。鼓楼里一个重要"设施"是火塘——如果说鼓楼在侗族聚落建筑群里具有很强的向心作用，那么这一向心性的终极承载物就是火塘，秋冬季节烟火不断（柴火多为群众自发提供），每至晚间，尤其是冬天，少长咸集，围坐火塘旁边，听老人讲故事，摆古论今，谈笑风生。逢年过节，或有外来宾客，则集此唱歌"哆耶"，热闹非常。寨内大凡小事，都到这里商量处理。遇盗匪火警，登楼击鼓，成年男子闻声必往现场，听候寨老安排。无鼓楼者，也设有"堂卡"，即公房一间，作为集会议事场所。这是黎平、从江、榕江、通道、三江、龙胜等地侗寨固有传统。[6]

侗族鼓楼为木质结构，其顶层置一面大鼓，大鼓由族中的自然领袖执掌，遇到重大事件（如受外来攻击、火灾等）即攀登上去击鼓，一是召集族众，二是向邻近村寨传递信息，要求增援。楼，即是用木材建造的楼房，故称"鼓楼"。侗族鼓楼建筑是侗族特有的民族文化象征和标志。鼓楼造型基本相同。底层中央用青石镶砌一个火塘，火塘四周设有固定的长板凳。每座鼓楼都有十二根柱子。火塘四角有四根称"金柱"的柱子为主承柱，代表四季；"金柱"四周又有十二根檐柱，代表十二个月；紧靠一根"金柱"有一根柱子，3米以上每隔30公分安有踏步，供攀登击鼓之用，一直支撑到最高层，叫"命根柱"，代表一年。总的象征一年四季十二个月平安康乐，事事如意[7]。此外，通常鼓楼的营建工作是在寨老们的主持下由全寨人集资献料进行的。对材料的选择十分考究，全部用耐湿抗压的优质杉木为主干架。主柱、檐柱的柱径在30~50厘米左右，高度达18~20余米。尤其是中间的四根大柱（金柱）都要用百年以上的老杉树。这种杉树质地优良，不易腐烂。一棵能做鼓楼中柱的大杉树，直径在50厘米左右，其生长年限至少在200年左右。选作鼓楼材料的树不仅要大，而且要求其生长发育正常。被风雨吹断尖的不能用，认为它不完善，做成鼓楼会给寨人带来厄运；生权的树不能用，认为它不能一心到底，会中途分裂，众人分心。只有那些高大挺拔、笔直秀美的大杉树，才有资格被选来建造鼓楼。在侗族村寨，鼓楼的意义不仅是一座标志性建筑，更是人们浓缩的精神家园，

[6] 侗族简史编写组，《侗族简史》，贵阳：贵州民族出版社,1985:144。
[7] 据第 522631- 041 号"中国传统村落档案"。

有种民间说法是：有了鼓楼才有侗寨，才有鼓楼下摆古的
老人，才有了流传千百年的侗族传说⋯⋯

　　堂安侗寨只有一座鼓楼，位于村寨较为中心的位置。
这座鼓楼形似宝塔，式样为四方圆柱九层重檐攒尖顶，瓦
檐呈多角形，飞檐重阁，层层雕花描彩，工艺颇精。最下
面是坚固、宽敞、实用的楼底，大致是个正方形，四周都
是宽大而结实的长凳，老人坐在上面抽烟聊天，小孩子们
踩上跳下闹个不停，木凳已经被磨得光可照人。中间是一
个圆形大火塘，直径将近两米，火塘看来是常用的，因为
里面还存了不少柴灰。村里人介绍说这个火塘由全寨各户
轮流供柴生火，夏驱蚊虫，冬可取暖。按照老人们的回忆，
逢年过节，全寨人都会在鼓楼唱歌、叙旧、议事等。堂安
村里的鼓楼建了好几次，每次都是因为失火烧毁又重建，
现在这座应该有三十多年了。"中国传统村落档案"里标明，
这座鼓楼具体修建时间是"1981 年，并于 1999 年进行了
一次维修"。 据研究者们的归纳，传统侗族鼓楼的作用
主要有几点：一是侗寨的标志；二是侗族族姓的标志；三

戏台与鼓楼是侗寨的"标配"

鼓楼下消闲的村民

是侗族群众休闲的场所；四是年轻人社交的场合；五是接待客人的地方；六是集会议事的要地；七是传递信息或报警的工具；八是祭祀的地方。鼓楼一般都配有一个鼓楼坪，也就是鼓楼大门外的一个可大可小的广场，有的设计精美的鼓楼坪要用鹅卵石镶嵌成太阳图腾图案（中间为一圆圈，圆圈的四周有四条放射型线条延伸到坪的四个角）。"鼓楼和鼓楼坪的这种布局多半是从它的功能性考虑的。自古以来，鼓楼和鼓楼坪基本上是白天黑夜不断人。白天是老人们聚会娱乐之所，晚上则主要是男青年们聚会的地方。鼓楼的用处很多，平时劳动之余，老年人和青年人云集鼓楼下，下棋、谈古、学侗歌、吹芦笙、弹琵琶等；遇村寨或者氏族有重大事情需要商议，鼓楼便是寨子的议事厅，人们在楼内聚集议事，排解纠纷；寨内有老人死了，也可在鼓楼下设孝堂；有贵客来访或者逢年过节，人们也一定在鼓楼下的坪上迎接宾客或者踩歌堂；每年"祭萨"等也必然是在鼓楼和坪上隆重举行仪式……是侗族人民的政治、经济和文化的重要场所[8]。不过在我们实地考察看来，如今，鼓楼的多种作用中，传递信息或者报警的作用几乎

〔8〕吴浩主编《中国侗族村寨文化》，北京：民族出版社，2004：10。

已经不存在了——由于历史变迁，堂安鼓楼顶层不再设置牛皮木鼓，而"击鼓报信"的功能已湮没在前后的多次失火——修缮的过程当中，鼓楼里面早就没有鼓了。吴支书说："以前鼓楼的鼓用于通知事情，或者防盗。听说以前有的，但后来（寨子里失火）烧了几次，都烧了。现在都不用了。我长这么大从小就没有看到过鼓楼上有鼓。"而鼓楼下和我们聊天的的老人陆新华对鼓楼的功能似乎清楚得多，但他也没有见过鼓楼上有鼓。

陆新华

访谈实录:

○ 受访人：**陆新华**（堂安村民，男，70 岁）

○ 时　间：2014 年 8 月 10 日

"这个鼓楼是我们寨子里的人，有的出力，有的出木头，一点一点地修起来的。我伯伯就是修鼓楼的木匠，是寨子里最好的木匠，是领头的人。上面的字就是我伯伯写的。"老人一边说，一边指点着鼓楼梁上写有字的地方给我们看。顺着他的指点望去，原来梁上真的刻有"老安少怀""物华天宝""福寿康宁"等字样。"最早的鼓楼是要放一个鼓，但烧了几次了，这个才修了三十几年，就没有鼓了。最早是有的，主要用于通知事情啊，有偷猪偷牛的事，或者发生火灾啊，通知大事。我从小就没见过有鼓了。现在都用广播取代了。（原来）村里有大事都是在鼓楼，寨老一起商议。"老人说，鼓楼还是全寨举行祭祀或者是一些重大活动的地方。"比如每年秋收后，九、十月份，全村男女老少都要来祭萨。要在这里搞仪式。秋收以后还要扫寨，就是把寨子里的恶鬼赶出寨子，也要先在鼓楼举行一个重要的仪式，然后寨老

带领大家从鼓楼出发，全寨扫鬼。扫完寨，各家要把自己家火塘里烧的灰拿来倒在鼓楼下的火塘里，表示每家都参加了扫寨，家家鬼都赶走了。然后全寨的成年男子在鼓楼下面喝酒吃肉庆贺扫寨成功。"

现在看来，鼓楼最大的作用已然在于成为全寨人休闲和集合之地。鼓楼下面的空地和鼓楼前面一块大约七八十平方以青石铺就的鼓楼坪，如今就相当于堂安侗寨的中心广场——白天青壮年下地干活或者出门打工，老人们就聚集在这里，抽烟聊天，也有坐着发呆的；晚上，老年人少了，年轻人多起来，玩手机的，打牌的，也有一些小孩子，在空地上跑跑跳跳打打闹闹。当村里有什么大事，村民们得到通知后仍然会聚齐到这里。比如村委会选举、世行贷款仪式启动时，这里就是人员最集中、信息传播最迅速的地方。当然还有逢年过节时，因为各种演出都会在戏台和鼓楼前的空地（歌坪）上演。而且，因为这里人员最集中，鼓楼下还修了一个布告栏，布告栏上经常贴着诸如"堂安村 2014 年同步小康驻村工作组 7 月计划"、"关于严格规范肇兴景区用地建房和房屋装修经营行为的通告"之类的，充当了堂安村的官方信息平台。彼时，鼓楼的多根支柱上张贴着其他一些信息，比如"幼儿园侗歌班'双六'演出捐赠名单"，可以看出这里也是村民信息最重要的集散之地。让我感到奇怪的是，无论是白天还是晚上，到鼓楼下休闲的多是男人，少见妇女的身影，我们猜想是一般妇女们白天要下地干活，晚上还要做家务带孩子，就不太出来了。但向村民考证这一猜测时，他们却说，侗族的习惯自古就是女人不进鼓楼。"自古是男人议事休闲的地方，女人要是来了，也只能在边上看看热闹，你见哪个女的坐在鼓楼里面的？那样别人会认为她不守规矩，她自己也觉得不好。"

事实上，这样的现象不只在堂安，包括在与堂安相距一公里的厦格寨子，男人们关于妇女进鼓楼的说法也如出一撤：一般侗族的女人不准进鼓楼，一个女人家去那里坐着，人家会说你，你也不好意思。鼓楼自古以来就是男人议事的地方、搞大型活动的地方，女人是没有资格去的。（即使是）祭萨也只有年轻姑娘才能去。以前结婚生了孩子的（女人）都不准去。不过外来的游客（女人）就可以去坐。

堂安的妇女们有自己的休闲娱乐方式。据赢村长儿子说，他的妈妈是侗歌班的，经常要晚上出门去练歌，要从晚上八点过练到十一二点。男孩也说自己从小就知道侗族的鼓楼是大家休闲的、搞活动时用的，自己放假时喜欢到这里来，因为这里过节时"人最多，最热闹"。

提到鼓楼，便不可不提其独特的建造工艺。侗族的传统建筑从来不用图纸，哪怕高三四十米的鼓楼也是如此。精明的木匠师傅们只用半边竹竿和棍签作为标尺，（俗称"丈杆"和"鲁班尺"）就能建造出许许多多雄伟、秀丽的建筑物。鼓楼通体全是本质结构，不用一钉一铆，由于结构严密坚固，可达数百年不朽不斜，充分表现了侗族人民中能工巧匠建筑技艺的高超。堂安这座鼓楼是本寨鼓楼师自己建造的。原来的鼓楼只有五层重檐，由老一辈鼓楼大师陆春卫掌墨建造，1996年由掌墨师陆继贤改建为九层重檐。十余年间，陆继贤带领一支十来个人组成的堂安鼓楼建造队，不仅在本乡本土建了28座鼓楼，还先后到上海、常德、桂林、武汉等地建造鼓楼，成为著名的鼓楼大师。[9]

〔9〕贵州民族事务委员会、贵州民族研究所编《贵州六山六水民族调查资料选编（侗族卷）》。贵阳：贵州民族出版社，2008：291。

【戏台】　　　面向鼓楼，左侧有一个水塘，水塘边便是侗寨的戏台了，堂安戏台为两层干栏式房屋，上层离地面两米左右，宽十来米，敞开面向鼓楼坪，人们坐在坪上就可方便地观看戏台上的演出。戏台与鼓楼之间隔着一口水塘。传统侗寨的戏台前都要备一个水塘，因为侗族村寨里的戏台都是全木质结构，又是众多村民集中活动的场所，一旦发生火灾，便可立即用水塘里的水来灭火。戏台又称戏楼，是侗族人演唱侗戏和进行其他文娱活动的场所。鼓楼和戏台的搭配也是绝大多数侗族村寨的必备"硬件"，如果说鼓楼是侗族群众的精神聚集点，那么戏台则是侗族群众展示其淳朴艺术天赋的场所。一些年纪大些的堂安村民回忆说，以前逢年过节，村民们都

戏台和前面的消防水塘

会自发地表演侗戏侗歌，戏台上下热闹得不得了。台上的唱得专心，台下的听得有味，还有跟着唱的。只是现在村里会唱会跳的人没有以前多了，演出也没以前那么多了。但是每个月还是会有一两场，有的是村里的侗歌队的表演，有的是政府组织表演队的表演（据后来的了解，这种情况多是有外来宾客参观时），有的是村里的幼儿园小孩子的表演，只要有演出，戏台——鼓楼——鼓楼坪这一带必然热闹得很。

戏台修缮前后

【古井】　　　水源不但神奇地引导堂安村民的祖先落户这个青山环抱的地方，也是村民生活的基本保障。吴支书和赢维光老人口中的古井，就在堂安村背靠的弄报山下鼓楼后的石阶上。这口井就是传说中不管是鸭也好鹅也好，凭着动物的本能找到的好水源，这口井把堂安村人的祖先带到了这里，从此成为村民们主要的生活水源，当地人也称之为"母亲井"。侗家人把这种带把的斗井称为瓢井，瓢井由青石打造，由于其左右各有一凹槽，形似木瓢而得名。这口古井和其他大大小小十来口水井一起滋养着一代又一代的堂安人。

访谈实录：————————————————————

○ 受访人：**赢维光**（巫师）

○ 时　间：2014 年 8 月 10 日

"（祖先）刚来这里的时候，在水井下面挖了一个坑舀水，后来不方便，就用木头打了一个水槽，后来，有一个女的因为经常偷人家的东西，全寨人就罚了她的款做了现在这个石头水井，到现在可能有两百多年的历史。"

供图 / 陆安美

　　村长赢勇文补充说，井水的水质，有专门部门每年都要来化验的，是可以饮用的。水井出水口雕刻的龙头也是有讲究的，雕的是狮子或者是老虎的头，有辟邪的作用。"比如以前我们相信要是孕妇去挑水就会使得水不好了，后来搞了那个狮子头，鬼师去念了经，邪就避掉了，不怕孕妇去挑水了。"村长还说起一个关于水井的传说，"刚开始，只是简单地用一个圆石头垫一个水槽，后来全寨子很多人都在喉咙部分长了一个包，大家想是不是水井的原因，就改成石头的了，大家喉咙上的包就都好了。"

　　据村里人介绍，这瓢井的井水流出后分几级，第一级饮用，第二级洗菜，第三级洗衣服，层层分明。经过这几层利用之后的水继续往下流，便通过村里随处可以看到的沟渠层层向下浇灌了村边的土地。这口井是多年来村民的主要饮用水源，四季不竭，冬暖夏凉。通常村民接水都是自备水具，或挑或抬。为保护水源，村民委在瓢井上挂了一块木制的牌子，上书"不准在井边洗头洗足洗衣裳，违者罚款50～100元"。彼时，瓢井上挂了一个不锈钢的水瓢，上面用红漆写着"＊＊外公送……"村民说，这是一家人生了小孩，为求平安，专门买来挂在水井上供大家取水用。

阶梯式用水。第一级饮用，第二级洗菜第三级洗衣，合理又卫生。

传说自然是传说，但也可看出这口"母亲井"所传达的教导村民要做善事、多积德以荫及子孙的观念，这口井在村民心中的地位也可见一斑。

堂安村民提到这口井，都是一派自豪的口气。村民陆珍贵说："……瓢井从来没有枯过。枯是不可能的，要是我们枯了，整个肇兴就活不了了。这口水井哪怕在其他村子，在肇兴干旱的时候，我们也从来都是随到随接随接随走。……村民家里的水都是从其他山上、从外面接进来的，不允许把瓢井的水接到自己家里去，你要去挑水没问题，但不能接到家里去，要是家家都接到自己家里，（井）水就小了。"

【寨门】　　　寨门是进寨的标志建筑。传统侗族村寨，但凡有外人来访，寨门是必经之地。据民俗学者研究表明，贵州侗族的寨门早期功能主要是为了防御猛兽及外敌入侵，具有明显的战略意义，也折射出了侗族子民不愿与世纷争，无奈自保，企求和平的善良本质。如今，寨门防卫功能早已消失，但它仍是进寨的通道，是侗寨地域感和凝聚力的标志。并且还有另外一个重要作用，那就是迎接侗家人贵宾好友的重要场所。在和平年代，这种功能表现尤为突出。每当寨里有贵宾来访，全寨男女老幼身着民族盛装齐聚寨门外迎接，年轻男子吹奏芦笙，年轻女子唱起优美动听的敬酒歌，热烈欢迎客人的到来。三声铁炮过后，人们热热闹闹地把客人接进寨中的鼓楼落座，设盛宴款待。[10]

[10] 来源：中国民族宗教网。

　　堂安寨子里青石板路四通八达，每条出寨子的路都有寨门，共有 8 处寨门，其中一处多年前在大火中烧毁了，现还有的 7 处寨门大小不一。村寨北面进寨口的寨门规模最大，于 1999 年建成，高约 5 米，为重檐斜山顶，仿如意斗拱装饰，显现三斗三升，斗拱上层装饰以交错叠覆的三层锯齿边，主楼檐下灵格四周，彩绘双鱼、孔雀、凤凰等图案，寨门顶部盖有青瓦。其余各处寨门也都简约古朴，上面有翘出的屋檐，盖着青瓦，高 3 米左右，宽不过 1.5 米。在经历了多年风雨之后，每个寨门都是饱受风雨的样子，因为年久失修，有的已经只有个门框勉强还能站立在那里，而门板多数已经歪斜垮落。虽然老旧，但这些寨门的檐上却都还依稀看得到上面的图案和文字，好几个寨门左右两边都刻有字迹，我们能辨认得出来的是 "三王" 两个字， 是从左到右念 "王三" 呢，还是从右往左念 "三王" ？我们在与嬴维光老人聊天时，专门问到这个问题。

左组图——寨门是侗寨地域性感和凝聚力的标志建筑

访谈实录： ————————————

○ 受访人：**嬴维光**（巫师）

○ 时　间：2014 年 8 月 10 日

　　"寨门上那是'三王'两个字，主要指龙虎等凶猛的动物，反正是三个比较威猛的动物，是守门的，（这样）坏的东西不敢进来。"这些寨门如今已然只是古老村落的遗存，只有在一些传统的节日或者是活动中还能看到些"门"的意义。比如，在陆新华老人绘声绘色地讲述扫寨仪式时，就强调"扫寨时要锁上所有寨门，只留下西边寨门不锁。……全村男女老少都要参加。大家带着刀和竹子，一边砍（鬼）一边用竹子抽（打）……绕村里的主路……一直要扫到西边的寨门，把鬼从西门赶出去，然后锁上门……"这时候，古老的寨门才显示出其"拒鬼于寨外"的重要作用。

堂安风雨桥

上左/桥上所绘图案便是侗族
群众生活画面
上右/一侧桥头已明显倾斜

【风雨桥】　　因行人过往能避风雨，故名。又称花桥。"中国传统村落档案"里定义，"风雨桥为侗族独有的桥，由桥、塔、亭组成。全用木料筑成，桥面铺板，两旁设栏干、长凳，桥顶盖瓦，形成长廊式走道。塔、亭建在石桥墩上，有多层，檐角飞翘，顶有宝葫芦等装饰，因整座建筑不用一钉一铆和其他铁件，而被称为世界十大最不可思议桥梁之一。"风雨桥作为侗族村寨的特色建筑，通常架设在村头寨尾或田间地角之上，不但供人交通，也是村寨"堵风水"的一种文化设施。据说，每当村寨所处的地方风水有不尽人意时，侗家人就会造一座桥来把不好的风水挡住，使村寨免于灾祸。另外，侗族认为村边的河流很容易冲走寨中的财源，用桥来把寨子拦住，财源就不会外流了。

看来，风雨桥建在溪河上不仅仅是给人们交通提供便利，而且还有镇邪和留财之意。在堂安老人的观念里面，风雨桥还有着掌管风水的作用。堂安巫师赢维光老人说："下面风雨桥那一片树是不能砍的，是挡住寨子风水不流出去的意思。以前没有风雨桥主要用树来挡（风水流失），后来才有那（座桥），也是这个（挡风水）的作用。"老人口中的这座风雨桥位于村寨西北面入口部位山脚下一片稻田之中，也是堂安村唯一一座风雨桥。桥体采用吊脚的形式跨于一片梯田和一条小溪之上，全长约 9 米，宽约 5 米，除石砌的桥墩外，均采用木结构建造。有一条桥柱下部已损坏，又有人用了一根柱子将其勉强撑住，因此靠山脚的一面桥头已经明显向左倾斜，不过走上去还算稳当。桥的一条横梁上用红漆写着"建于 2002 年"，桥楼上绘有各种图案，有盛装男子在吹芦笙的，有侗装妇女在织布的，有男子扛着锄头下田的，还有妇女在用石碓舂米的，颇能反映当地居民的日常生活。在我们看来，"供行人过桥"的作用反而不大，因为小溪很浅很窄，按方向看应该是从瓢井流往下游的水，成年人挽一挽裤脚就能涉水而过，而且桥的一头是架在一座小山的底部，另一头则架在一片稻田之中的田坎上，真要说过桥，只有两三户人家下田做活会用得上。所以，个人觉得大概它的"挡住风水不让其流失"的意义更大些。

在堂安老人们的记忆中，点缀于侗族村落中的风雨桥不仅为劳作田间的人们遮风挡雨，为村寨守住财源，更是未婚青年们最留恋的地方——尤其是夏季，每到夜晚，月白星稀清风徐来，一群群侗族青年就汇聚桥上，小伙子弹起琵琶，拉起牛腿琴，向姑娘们唱起动人的情歌；姑娘们则一边就着月光做着针线活，一边用歌词考验小伙子的智慧和情意……坐在风雨桥上想象着这样的情境，让人几乎想要穿越到多年前的夏夜。只是这样美好的情境现在只是村里一些四十岁以上的人才能有的回忆，如今，村里青年会唱会弹的人已经越来越少了，而且年轻人多外出打工或者读书，社会交往也越来越广，方式多样，古老的风雨桥于是渐渐冷寂。

堂安的萨堂位于鼓楼后方小山
坡上，居高临下

【萨堂】　　　一说萨坛、萨岁坛，也称"圣母祠"。侗族信奉的"祖母神"，是一位传说中的侗族女英雄。相传"萨"的原名叫杏妮，聪明伶俐，十分能干。一天她在鱼塘里发现一把刀，便用这把刀劈山砍石，开垦荒地。官府看上了这个宝贝派兵来收缴，杏妮率众拚死抵抗，最后终因力量单薄而惨遭失败。杏妮至死不肯投降，与母亲和女儿一起纵身跳下悬崖。这三位坚强的女性化作了三尊石像，矗立在乱石之中。侗家人为缅怀这位女首领，纷纷从杏妮牺牲的地方取回石头在各寨设坛祭奠。在侗语中，"萨"指"祖母"，也是对老年妇女的尊称，"堂"是指"萨"安坐的地方。多数侗寨都设有萨堂，尽管规制和形态不完全一样，但它反映出来的宗教观念和透露出来的文化信息却是一致的。这些萨堂多位

〔11〕据冯祖贻，朱俊明，潘年英等著《侗族文化研究》介绍：一年一度的重大萨玛节祭萨活动在农历的正月都会举行，参加祭萨的人员以妇女为主，各家各户的侗族妇女穿着盛装前往祭祀，每人喝上一口祖母茶（事先由管理萨屋的人烧好茶水，给萨敬献茶），摘一小枝千年矮树叶插于发髻。三声铁炮之后由"登萨"（掌管祭祀的老妇人，此时作为"萨"的化身）手持半开的黑雨伞开路（黑雨伞是萨玛的象征），参加活动的人们跟随"萨"踩路绕寨一周，最后到达固定的"耶坪"，大家围成圆圈，手拉手跳起舞来，齐声高唱赞颂萨的"耶歌"，唱耶跳耶，与萨同乐，这种边唱边舞的形式称为"哆耶"。

于寨子较为中心的位置，有专人管理。萨堂里没有特定的神主牌位，坛内各种物件只具有某种象征意义。侗家人观念中的"萨"，既非某一个具体的偶像，也非那种虚幻的绝对存在，她是集保护、主宰、兴旺、启示多种功能于一身的宗教理念的产物〔11〕。从祭祀活动中，可以看出侗乡里还带有悠久的远古母系氏族社会遗风。此外，每月初一、十五专职守护的人都要进入萨堂，给萨敬茶，烧纸点烛。凡出寨子集体作客（侗语音"为赫"）或者参加歌赛、芦笙赛、演侗戏等，也都要在这里举行祭萨仪式，并摘下堂萨的黄杨树枝插在头上或者芦笙上以求圣母的保佑。萨玛节祭萨活动举行时，村里请专门的祭师来主持祭祀仪式，这时萨堂更是活动的中心地点。

鼓楼与萨堂位置相对

堂安萨堂位于鼓楼后面瓢井上方的半坡上，高约 3 米，下面用石板堆砌成萨岁坛的外围，中间为木结构建筑形成。因为以前的萨堂早已破败，这是 2012 年重修的，倒是与鼓楼、戏台呼应成一道侗寨的风景。据《侗族村寨文化》一书中的记录，侗族的"萨堂"里都种着一棵常青树，旁边插一把半开半合的雨伞，下面摆三个茶杯。一块大岩石下面的土中倒扣着一口锅，锅下有杏妮的木雕像。有资料说"堂安的萨堂中间用石块砌一直径约一米的圆形祭坛，上植两株黄杨树，正中插一把红纸伞，围绕祭坛辟有一米余宽的环形走道，供人们祭祀时绕坛行走。堂内里侧为石砌高坝，左右两侧为石砌高墙，正面开门，常年关锁"。因为堂安"萨堂"常年锁着门，我们不敢贸然闯入一探究竟，只能从旁边石梯上踮着脚尖透过"萨堂"镂空的地方看进去，也只能隐约看到一株植物的顶部，看不到里面到底供奉着些什么，向萨堂的专门管理者——前文提到的陆新华老人打听，他告诉我们，里面就是一个金和银做的帽子，一把伞。

访谈实录:

○ 受访人: **陆新华**（堂安村民，男，70 岁）

○ 时　间: 2014 年 8 月 10 日

老人说："（萨）代表着祖先的灵魂，保佑我们寨子里男康女泰。"他还介绍说，"萨堂是我管（负责），我每个月初一、十五都要送茶烧纸烧香。今天（八月十日）就是十五，我早就送了。再打扫干净。每个月初一、十五都要祭祀，要送茶水进去，还要打扫卫生，具体做这项工作的人是由村民选的，从男康女泰的人家里边选。管理祭祀是没有报酬的。自己还要出钱烧香。如果自己不愿意做

堂安土地庙的规模就比萨堂
小了许多

了，就再重新选。还有土地公和土地婆（也要供）。我是
全寨人选出来的。……祭萨是由我自己买香纸，没有人出
钱。如果我不想做了，就再选一个人来做这些事。萨是我
们的女祖先……要记住她的恩情。"

【土地庙】　　　陆新华老人稍带得意地介绍完萨坛，
侧身指了指斜对萨堂、鼓楼两只角柱旁边，沿着路边坎上
一个用石块砌起来的小石屋告诉我们："不止萨，每月的
初一、十五我还要给土地公土地婆敬茶、烧香。"老人说，
土地公土地婆也是保佑全寨人的，当地人也要供奉。不过
相比萨堂，这个小小的土地庙明显简陋得多，可见同样是
神灵，萨在侗家人心目中的位置远远高于其他。关于萨堂
的管理，村支书也说："……有一个专门管萨堂的人组织
这些活动。平时初一、十五都有人管萨堂，由他们几个人
自己愿意的选出来，管萨堂是没有费用的，自己出钱。侗
族信萨也信土地。土地公也是保全寨平安的。一个公一个
母。萨是母，土地是公。"

听说2014年底，萨堂的管理者换了，现在管的人叫
陆国初。

【凉亭】　　　凉亭是侗族村寨供行人遮阳避雨的公共
场所，也是人们交流经验、信息的地方。按照学者们考证
来的说法，通常侗族的凉亭修建在山坳上，主要功能是堵
住村寨风口，因为侗族认为如果村寨的风口漏气会把寨子
里的财气漏掉，此时若在这里修建一座凉亭既可供人们休
息避雨，又为村寨堵住了风口[12]。堂安侗寨有一座木结
构三角凉亭，位于由主路进入村寨后不远的路旁，它所处
的位置，可以算是村口，只是明显不是在山坳上，至于是

堂安三角凉亭

〔12〕冯祖贻，朱俊明，潘年英
等著《侗族文化研究》，贵阳：
贵州人民出版社，1999：45。

不是风口，是不是为了堵财气而建，因为年代久远，已经
无法考证。如今，这座凉亭由于其独特的三角形式，已经
被堂安村民当作一处地名或者标志说起来——"×××家
啊，就在三角凉亭对面嘛……""生态博物馆啊，就从三
角凉亭那棵（条）路上去走到顶就是……"目前这座凉亭
保存较为完好，只是多次去拍照都看到被村民堆些暂时不
用的东西，有时是瓦片，有时是木材，少见坐人了。

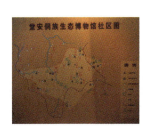

4. 生态博物馆，古老堂安的"新元素"

　　1995 年 4 月挪威生态博物馆专家约翰·杰斯特龙先生
到堂安侗寨考察，堂安侗寨优美的环境、丰富多彩的侗族
文化、热情好客的民风，使杰斯特龙先生激动不已，称堂
安为"人类返璞归真的范例"。在他的大力推动下，1999 年，
堂安侗寨被正式确立为中挪文化合作国际性项目建立的贵
州省四座生态博物馆之一。生态博物馆强调"文化遗产应
原状地保护和保存其所展示的社区和环境中，社区区域等
同于博物馆的建筑面积"。也许是得益于这一理念，在近
年旅游开发中堂安侗寨较为完好地保留了侗族自然、原始
的生活状态，成为一个侗族文化与世界沟通的重要窗口。

在建中的堂安生态博物馆接待中心　　　　　　　堂安侗寨生态博物馆信息中心外景

2001 年夏，约翰·杰斯特龙在俄罗斯西伯利亚考察时因病逝世，堂安村民自发在村口种植了一棵树，起名叫约翰·杰斯特龙的树，以作纪念。

堂安侗族生态博物馆信息中心，建在堂安进村不久的三角凉亭后面的山坡上，是占地相当大的几组传统风格木建筑。下午三四点钟，按理应该是对外开放时间，但我们却屡次扑空——几次前往打探都是铁将军把门——信息中心约二三十个房间全部锁着门。从门窗缝隙看去，多数房间都是空空如也，只有一两间看上去是展览厅的，有几件家具一类的东西摆放在其中。信息中心外的空地上，几个侗族小孩在玩游戏，问及知道不知道这是什么地方，做什么用的？小孩子的回答让人哭笑不得——"这就是我们玩的地方"。有一个小女孩大概知道一点，说："这是大人晚上唱歌的地方。"后来有村民告诉我们，堂安侗歌班的人经常会到这里来排练。调研中，问到生态博物馆，堂安村民都知道，但许多人都不太清楚这个博物馆是做什么的，也感受不到这个博物馆给自己带来了什么好处。

二、 堂安人的生产与生活

1. 堂安现状

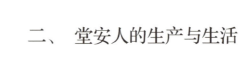

访谈实录:

○ 受访人：**村支书/吴坤龙、村长/赢勇文**

○ 时　间：2014 年 8 月 12 日

堂安村现有总人口 890 人，207 户，60 岁以上人口 2013 年是 105 人，16 到 59 岁的是 460 多人，不包括在校

上：吴坤龙
下：赢勇文

16 周岁以下的。目前堂安还是三类贫困村，人均年收入2300 元，而国家脱贫标准 2013 年是 2100 到 2300 元。今年（2014 年）脱贫标准提高到了 2700 元。

村民主要收入来源是外出打工，有到镇上的，也有到省内各地的，有到外省的。外出打工主要广东多，多是进厂工作。一个人外出打工，一年可给家里寄回来平均两三万元，田地多数是老人在家种，种田养牛只能解决基本生活。目前村里有 10% 左右的人家，因为年轻人出去打工而家里的老年人无力种田，粮食不够吃，出去买。多数人家如果人力不够，就靠亲戚朋友互相帮助来种。全村 460 多亩田真正荒的不过二三十亩，一般都是在比较远的山上的田，有水的靠近公路的田没有荒掉的。堂安人好面子，哪怕是请别人帮忙也要把田种上，要是荒着别人会说你懒惰，没面子。村里种植的多数是水稻，其中糯米占总种植面积的 20% 左右，虽然产量低又不好管理，但糯米是一定要种的，因为这里的习惯是红白喜事必须有糯米。而且村里家家户户自己用糯米酿酒，所以糯米一般也不拿到市场卖，有的人家不够还要到外面买。稻田养鱼是侗族传统，一般都会放一些鲤鱼在田里，秋收后就可以吃了，吃不完做成腌鱼。以前是有客人来才舍得拿来吃，腌鱼腌肉是敬贵客的。我们小时是过年过节才有得吃，现在生活改善还是大。除了水稻之外没有什么经济作物，多数种点油菜，满足自己需求，自给自足。侗布用蓝靛是自己种的，种植面积也不大。山上有茶油，产量较低，但家家都有一点。养殖业上规模的不多，比如养猪的，大概四五户养猪专业户，算是有点规模的，村里的文书家养了大概一百多头，四五户总共大概四五百头。文书算是村里最早开展养殖业的，有十多年了，其他养牛、鸡的没有成规模。村里家

家自己养个四五只下蛋或者自己吃。2010年也有人在后面山上养了一百多只，但技术管理跟不上，经常出现鸡瘟啊，还有山上动物野猫啊这些来偷吃啊，搞了两年做不下去了。

2. 旅游业发展

堂安近年来旅游业有所发展。2013年有课题组调查时还只有2户农家乐可提供简单的食宿，到2014年8月再去时已经有4家农家乐（客栈），可提供床位72张，住宿条件基本达到《贵州省乡村旅舍等级评定与管理》中关于客厅、客房、卫生间、配套设施的基本要求，只是这一管理方法中提到的评级——"3.5.1 用刺梨花朵的数量表示乡村旅舍的等级。共分四级，1朵花表示一级，2朵花表示二级，3朵花表示三级，4朵花表示四级。最低为一级，花朵越多，表示旅舍的档次越高。"我们在堂安4家客栈里的标牌上均没找到相关标志。据堂安村吴支书介绍："侗味苑（吴支书家自己开办）和其他客栈的排污都是通过化粪池到排污沟。有没有不建化粪池直接排污的？村委会要管，不让排。现有4家客栈都有三级化粪池。"

侗味苑的老板娘说，现在来堂安旅游的人越来越多了，旺季的时候需要住宿的有一百来人，把4家客栈都住满了。平时平均也每天都有客人入住，或者吃饭。高铁的开通让老板娘很有信心，她说："高铁开通后游客确实比以前多，能住下来的也还比较多，因为冬天本来游客也来得少，要农历二三月份人就多了，有的是来旅游的，还有来拍梯田的，拍油菜花的，有拍三月份我们插的秧苗的。"但据我们了解，这里客栈的食宿一般都不提供发票，如果一定要求发票，老板会通过其他方式去肇兴镇上甚至要到黎平县城去"买"，而这个"买"发票的费用是实际产生费用的10%，且这钱必须由客人自己负担。这一特殊的"规定"和我们在肇兴入住一晚索取发票时得到的答复如出一辙。

〔13〕高艳飞《黎平堂安侗寨：要开发更要保护》，来源：多彩贵州网，2014-12-07。

　　2014年12月26日贵广高铁开通，便捷的交通条件为堂安侗寨带来大量的游客。肇兴镇党委书记黄传文接受媒体记者采访时表示，堂安侗寨目前旅游从业人员为30多人，住宿接待能力为70多人，吃饭接待能力为200多人，停车位30多个，每年的游客量为30000~50000人左右。"针对高铁开通后大量的人流涌入堂安侗寨，我们在坚持生态与发展两条底线的原则下适当地增加一些住宿和吃饭的地方，对于停车位并不在寨子里面扩建，而是在寨子的周边扩建。"他表示，下一步吃饭接待能力准备扩展到1000人左右，但不能超过1000人；停车位扩展到200多个左右[13]。旅游接待能力的扩大，意味着堂安经济将有更大的增长。

3. 养老方式

　　《侗族简史》和《侗族文化研究》两书上都提到"侗族家庭大都是一夫一妻父系小家庭，即儿子成婚，生育儿女以后，便与父母兄弟姊妹分居，另建立只有父母与儿女两代的小家庭。惟独子和满子（家中最小的孩子），由于父母与之同居生活，因而也有祖父母、父母、儿女'三代同堂'的中等家庭，包括曾祖父母在内'四代同堂'的大家庭，独身或同代的小家庭也有，但为数极少"。但我们在堂安的调研显示，堂安侗族通常都是几代同堂，儿子娶了媳妇也依旧住在父母家里，生了孩子也一样在这个大家庭里长大。比如目前堂安最年长的男人（2015年88岁）潘正才老人，家里已经是四代同堂，过春节时吃个家常中餐都有两桌人；堂安最年长的女人，也就是潘正才的姐姐、歌师陆跃刚的母亲，现年89岁，也是四代同堂，如今一家大小十二口人住在一起。

访谈实录:

○ 受访人：**吴坤龙**（堂安村支书）

○ 时　间：2014年8月12日

　　堂安侗族的养老方式还是传统的养儿防老。（堂安人）对于家庭家族非常看重，传统上老人和子女是不分家的，几代人住在一起，现在也还是这样。儿子必须和老人住在一起为老人养老。如果分出去了，会被人看为没有道德，被全寨人看不起。没有子女的一般靠自己家的房族来帮助供养，老人过世后也由最近的亲戚来操办后事，老人的山林啊这些归这个人所有。如果没有最亲的人那就是房族大家一起来张罗，山林啊这些也归房族共有。不过按规矩女孩子出嫁后就不能回来分财产了。如果有两三个女儿没有儿子的，就要看哪个女儿负责他（养老），或者（女婿上门）否则就没有权利（分财产），（这样的老人去世后）由房族继承。

　　在堂安的"村规民约"里，相应地也有专门的条款针对村民养老的特殊情况：对五保户的财产继承权的决定，根据政策规定，财产继承权由生养死葬者享有。如果五保户是独家独户，生活自养自给、突然过逝（世）的，财产继承权由亲戚家和小组商量作决定。

4. 村寨治理

　　村里的老人都说，以前村里有大事都是按照侗族传统，寨老们聚在鼓楼，一起商议。寨里人有了大纠纷，也可以请寨老出面解决。村里的大事，比如祭祀、扫寨，也都要由寨老来主持。有了偷牛盗马一类的事情，也要由寨老出面，代表全寨人对其进行处罚。以前村里的"乡规民约"也规定了解决民间纠纷的办法，不过后来重新制定了"现代版的乡规民约"，以前的就不用了。现在村里许多事务都是村两委办理、解决。吴支书说："村里有民兵连。平时务农，特殊时候负责管理社会治安。比如有强盗啊偷牛之类的，就要由民兵连出面，民兵连长有他的权利义务。社会治安不好，我们也要先通知到他，他必须出来处理。"

　　此外，侗族村寨因为木建筑较多，所以防火是村寨治理的一个重要内容。村寨传统的防火方式主要是在村寨各处常备水塘，发生火灾时全寨人以各种用具取水救火。如戏楼前及右侧就有两个水塘。目前堂安村里共有消防水塘十七八个。2014年村两委出面在县科技局的支持下，在寨里首批四十八户人家开展阻燃液的试点，吴支书解释说："就是把阻燃液喷在房屋板壁上、地上、开关、接头等地方啊，喷过阻燃液的地方火就烧不起来，不容易引起火灾。"

〔14〕黎平县住房和城乡建设局第 522631- 041 号"中国传统村落档案"。

5. 传统文化

【"祭萨"】　　堂安一年一度的重大萨玛节祭萨活动在农历的正月举行，通常在正月初八由全寨集体祭祀，吹笙踩堂，举行隆重的"确萨"庆祝活动。按传统规矩必须村里请专门的祭师来主持祭祀仪式，包括放三声铁炮，迎"萨"出门，跟随"萨"踩路绕寨一周，唱赞颂萨的"耶歌"等。参加祭萨的人员以妇女为主，一般为各村各祭，有的也邀请邻村一起祭祀，场面壮观。参加祭萨的人员以妇女为主，从祭祀活动中，可以看出侗乡里还带有悠久的远古母系氏族社会遗风[14]。在人们的心目中，萨是本寨本地方的主管神，有了她，人心凝聚、人丁兴旺、风调雨顺、国泰民安。

有资料记载，"1949 年以前，堂安寨还有专门的祭祀田产，由负责管理的'登萨'耕种，一半用于其生活，一半用于祭祀活动开支"。后来这种方式改为"每年农历正月初八举行年祭时，都要重新卦选'登萨'，每户人家出一筒米一角钱作为酬劳和购买祭祀用品"。随着时代的发

堂安村内墓地

展，后一种方式基本延续下来，只是有些细节上的变动。在陆新华老人的口中，如今的"登萨"不再由大家卦选，而是由寨子里的寨老们自愿担当，且没有酬劳了，每月初一、十五的烧香献茶也都是"登萨"自愿出钱。而关于每年正月初八的"祭萨"费用，吴支书表示："……以前我们是每家每人五毛钱一桶大米，现在人有钱多的送五元十元，多少不限，但每家都要出。代表一个意思。（代表）你是属于这个寨上的人。"

【丧葬】　　侗族传统中将死亡分为正常死亡和非正常死亡，死亡方式不同，丧葬习俗也不同。凡是老年人或者是青壮年病死都算正常死亡，木棺土葬，而跌死被杀死及妇女难产死亡等，则视为非正常死亡，火化后丢进岩洞或者河里，不准葬进公共墓地[15]。据嬴维光老人说："（我们）相信老人去世后会保护后代平平安安的，老人过世时，就要去请，每一个姓氏请一个老人，七个老人大家来一起看，日子好就落土，如果日子不好就不能入土，要放到后山去，拿树皮等盖上，到合适的日子才能下葬。前一段时间还有一位老人放后山了。还有些规矩，比如73可以入土，74就不能入土，这些（等等）。你们看到寨子中间那些墓，是因为有些人过世的时候，根据他们去看日子算的，这一块比如是个火山，你是水命，就不能埋在这里，不是说什么人都可以过去埋在那里。墓上面是龙的图案，是守门的。"

寨子中间有一块墓地，有坟十余座。据老人们回忆多为清代所建。据说是老人去世后，请当地鬼师看后，指明葬在这里的。墓地就在路边，与民居毗邻，一派和谐气象。这些古墓碑多雕龙刻凤，卷草花纹等，工艺精美，只是年代久远，多数碑文已经模糊不清了。

〔15〕吴浩，主编《中国侗族村寨文化》，北京：民族出版社，2004：99。

侗族的婚姻习俗中不仅仅只是包含"结婚"的单一内容，简单概括起来它集中体现了六大文化内容：行歌坐月（侗语：ngaoh wungh）、说亲（侗语：jais maix）、定亲（侗语：sogx maix）、迎亲（侗语：sebs maix）、新娘回门（侗语：zonv oux yous）、打三朝（侗语：dos kegs lagx）等。

左 / 数十担的接亲的队伍
右 / 新娘出发了
供图 / 嬴国辉

【婚事】　　侗族青年男女的婚姻多为自由恋爱。在堂安、厦格一带的侗族，传统的恋爱方式是"行歌坐月"。平日里青年男女的社交活动就是通过"行歌坐月"的方式互相了解，建立感情。行歌坐月的地点一般有两处，一是女方家的木楼，二是公用木楼。堂安寨中的女孩们大约长到十五六岁，就开始与同族或者邻居姊妹、姑娘结为同伴，于晚间聚于某家或者风雨桥上，一边手中做着活路一边聊天，而一到天黑，小伙子们也就三五成群地聚在一起，到某家去弹琵琶寻找心爱的姑娘。大家同聚一堂，坐在火塘旁边或者风雨桥的长廊上，边对歌边谈情说爱。

访谈实录: ─────────────

○ 受访人：**陆跃刚**（堂安村民，男，40余岁）

○ 时　间：2015年2月24日

身着民族服装的新人
供图／赢国辉

原来和现在区别好大。原来我们各家的姑娘，吃完饭了，洗完碗了，都到一家去集中，一寨上的一帮或者几帮男娃娃就去弹琵琶，喊她们开门。她们看得起你就开门让你们进去坐，弹琵琶唱歌；再看得起你，讲话跟我有点意思，跟其他人没得关系，你们走了，我们两个就讲话到半夜，就你喜欢我我喜欢你，就开始谈恋爱。现在没得了，现在跟以前差得远。可以说现在30岁以下的没得人会弹琵琶。像我家有个女孩子，你家有个男孩，有点意思，我家有客人，你抬点东西啊啤酒啊过来，互相交流。……比方我们俩真心相爱了，必须有个媒人，到对方家喊老人家来讲句真话，两家都同意了，就选好日子，天还没亮，鸡一过三叫，到我家来接亲：背一个包，装一袋糯米，一卷侗布，女方就到你家去了。

当然他最后关于女孩子嫁人的说法简单些，"就选好日子，天还没亮，鸡一过三叫，到我家来接亲：背一个包，装一袋糯米，一卷侗布，女方就到你家去了"，这个接亲过程看似简单，甚至当天新郎都不需要出面去迎接，只要去一个伴郎一个媒人就可以了。但事实上，现在堂安侗族接亲还是相当复杂的：在接亲时男方要天不亮就派出一支接亲队伍，挑着各种担子前往女方家。担子里是几头杀好的猪、糯米、各种粑粑、水果、糖果等，主要用来当天在女方家办喜酒。这种担子通常是几十上百挑，浩浩荡荡。而女方家的陪嫁通常要到生了孩子后才送过来。

吴支书的儿媳妇这样描述自己的婚礼："接新娘一般是男方亲戚和媒人，带一个伴娘一个伴郎，就去了，新郎在家里等着。去也不带东西去。新衣服都是男方准备送过去。但一般我们都穿民族服装，自己妈妈早就做好的，还要把头发盘起来，要戴银饰……场面很大，挑一百多担东西。一般挑糯米、糖、苹果、桔子这些。原来还要打粑粑，现在都不打了，因为太麻烦。肉也要很多，一般三四头猪，要去那边办酒。还有办酒用的饮料、酒。这些东西还要用来还礼给亲戚。以前至少50挑，现在至少100挑吧，挑数越多越有面子。衣服被子都不挑了。女方等生小孩了才陪嫁东西。陪嫁得很多，全部都是女方家送的。被子、家具、电视、电脑，想要什么都可以送。有钱的还送小车。只有房子是男方的。……你们汉族是男孩子花钱，我们是女孩子花钱。差不多也要四五万。"

【满月】   在堂安，生孩子办满月酒算是一场婚姻的重要的延续。侗族满月酒的贺礼，一般是糯米以及钱。我们在堂安就赶上了一次满月酒。全过程包括：第一天在男方家办宴席，外婆家和女方的亲戚朋友要备上贺礼，可

左 / 满月酒席礼单
中 / 糯米饭是侗族重要的礼品
右 / 挑着糯米饭去吃满月酒

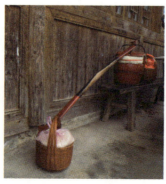

以是钱，也可以是一些物品，但糯米是一定要有的，可以是打下的生糯米，也可以是蒸好的糯米饭，用古朴的罐子装着，一担两罐，挑着去吃满月酒。第二天，新手妈妈带着孩子回到堂安娘家，这才是最热闹的一天，不但外婆要为迎接小孙子大办宴席，而且这场婚姻的一大重头戏——送陪嫁也是在同一天举行。按侗族的规矩，结婚时女方是不送陪嫁的，而是要等到生了孩子，办满月酒时，女方家的陪嫁物品才全部送到。

【"万物有灵"】　　在侗族生活中，还保存有许多原始宗教残余，信仰多神，无论是山川河流，古树巨石，桥梁、水井等，都是崇拜对象。因此，有的山岭不能挖掘，古树不能乱砍，巨石不能开凿、爆炸，违者，则认为损伤"地脉龙神"，败坏"风水"，给村寨带来"灾难"。有的地方，每至岁首，须敬祭"水神"，首次下河或到井里汲水，要携带敬神香纸钱插于河坎、井边，或点火焚化，而后汲水回家。在堂安的调研中，多位老人也提到万物有灵，包括前面说到的不能乱砍树，不能砍风水林，不能在后面山上乱挖等，都是因为山水树都是有灵性的。

上 / 瓢井上的兽头也有辟邪的意蕴
下 / 民居门上的"符"

【禁忌】　　陆新华老人介绍："扫寨是扫坏鬼。我们相信没有发生意外死亡的，正常死亡都是好鬼，念的经文都是好话，比如小孩子生病，念的经文就说，是你的老祖宗表示自己没有衣服穿了，没有钱用了，让你送点给他，送点衣服送点茶水，小孩子自然就会好起来了，这样的。要是坏鬼呢意外死亡的啊这些，（巫师）就要请上太上老君这些来把它赶出去。我们寨子每年秋收后要扫一次鬼，全寨子人都参加。女的可去可不去，男的必须要参加。"

【**转世**】　　堂安村民中随便一个人都可以说出几个关于人死后转世的故事，而且就是自己身边的人身边的事，而且都会强调"我在外面讲这些事情你们都不会信的，但这是真的。我们这里这种事都有的"。

陆跃刚

访谈实录:

○ 受访人: **陆跃刚**（堂安村民，歌师，40 余岁）

　　陆兴（堂安村民，村支书吴坤龙妻弟）

○ 时　间: 2015 年 2 月 24 日

　　我们先是向陆跃刚打听鼓楼建造者陆继贤，资料显示这位堂安木匠八十几岁，前几年去世。结果陆跃刚语出惊人，称: "他死了，变成我的孙孙。"啊? 陆继贤是他的孙子? 我们吃惊不小，赶紧请他仔细讲讲到底怎么回事，结果引出了关于人死后有没有转世投胎的话题。

　　陆跃刚: "他（陆继贤）死了投胎到我家来当孙孙，（你怎么知道他是投胎来的?）他自己讲出来的。比如我家老人过世到你家当后代，他会讲出来。我们这里有传统的。我孙孙自己讲得好好的。（怎么讲法?）陆继贤家离我们家没有多远，我家有一丘田在他家坎上，他（我孙孙）每次路过就会说，这是我家; 看到陆继贤家小孩，就说这是我的孙孙，这是我的崽崽; 看到他家门锁起，就说，我家咋没得人在家老是锁门呢?（陆继贤家）有个孙孙叫永强（音），他看到就问，永强你怎么不到家里面来呢，咋锁门呢? 这是（我孙孙）1 岁多时说的，什么都不懂，你教都教不会的，但他自己就会说。我们这里这些事挺多的。比如你家（老人去世后投胎到哪一家）小孩子，看到你一家人就全部认得到，名字他都记得到，我们整个寨子都有这回事。（怎么发现的？）（小孩）刚会讲话时就讲出来了。"

陆兴："比如生个小孩，办满月酒，起了名字。大点刚会讲话时，你问他叫什么名字，他就说我叫××，他就说的是他前一世的名字。大家就知道了。"

陆跃刚："比如陆继贤，他老人家生前吃得也不好，他家姑娘只有一个嫁到人家，也是当奶了，也不得空管他，都是他儿来管。他拉屎拉尿在裤子里也不得管他。（到我家当孙子后，现在3岁多点）他就说，我当时屙屎屙尿在裤子里，（1岁多就会讲）到现在都还讲。从会讲话就讲这些。"

陆兴："我家也有这种情况。就是我三弟，我三弟就是我爷爷（投胎的）。他从小就会（指着家里人说）你是我的葱，你是我的二葱。我三弟出生才6个月我爷爷就过世，他才会讲话时我问他叫啥，他说我是你爷爷。一般小的时候刚会讲话时会讲这些，到七八岁就不讲了。因为他觉得过意不去了。"

陆跃刚："我老婆是龙岩乡上地坪的，他奶奶死了过后，当我孙女。刚会说话时她也讲，我是你的'萨'，我们讲侗话奶奶是'萨'。一般家里人都能讲出名字。那么小，1岁多你教都教不来。寨子里不止一个娃娃有这种事，全村都有。其他寨子也有。但是我们到外面像你们汉族给你们说这个事，他们绝对不相信有这回事，不信你面对面问一下，不信你找这种，1岁多到2岁，刚刚会讲话，你问他'你叫什么'？他就会慢慢讲来。从古老到现在都有这回事。其他侗族，都有这回事。他一般在刚刚会说话，到四五岁懂事了，就不说了。会说哪样田啊地啊，他都讲得出来。（是自己家的老人还是别家投胎？）那是互相的，比方你家有老人到我家当孙孙，也有我家老人到你家的……家里有了这种事，我们很亲了，我们家老人会互相结交。比如陆继贤已经过世了投胎到我家来当孙子，他看到他以前的子孙都认得到，叫得出名字，他家子孙就会逢年过节买点东西、果品给他吃，平时抱他，像亲戚一样经常来看他。我们从古老就有这回事。

　　还有我们这里有个陆继身（音），原来我们村白喜事吹鼓哨的，过世后到我们隔壁家当孙孙。没得好远。他现在叫陆正坤（音）。他（就把原来的事）说得一清二楚。后来我们那里有火灾，他就哭起来，说马上要到我家那里去，我还有个熨斗，一个缝纫机，受灾了，我要去把东西收起来，不晓得他们晓不晓得收。他跑去找，去找来熨斗，找他以前用过的东西。我们侗族我们村上，我不讲一句假话，讲一句假话我不姓陆。在我们寨上，不管你们问哪个老人，问哪个，都有这回事。汉族说我们是迷信，我们认为是正常现象。"

　　吴坤龙（村支书）："转世投胎，这种情况有。侗语叫'维拉'（音），就是给人家做小孩的意思。以前我自己也是这样。我一两岁刚会说话时，有个寨上的人的女儿嫁到本寨离我家不远，那时我经常跑去喊她。也没有人教我，我就直接喊她当姑娘的名字。就叫她的名字，她很奇怪问我怎么知道她的名字。我说我知道啊，我还知道你还有一个哥一个弟，叫什么名字我都知道。她就知道我是她妈妈投胎到这家来了。我平时也没有什么不一样的感觉，长大了就不说了，他家两个儿子还经常问我，家里还有什么金银财宝啊这些。那时很小嘛，我都是自己去她家，叫她的名字。离她家很近，50多米，当时她二十四五岁。她就问我怎么知道，我说你是我女儿。当时她就哭了。所以我小时她经常买糖啊这些来看我。现在她又嫁到肇兴去了，每回我去（肇兴），有时会碰到她在卖菜，她就要送菜给我。就是觉得我们很亲。

这种情况我们寨子上都有几个。像我父亲过世投胎也是投成一家人的小女孩。她家房子就在路边。我从外面喝酒回来，我说话大声嘛，她都听得到，就说我的儿子过来了，也没有人教她嘛。她小时经常来我这里，我还给她些钱用，现在她懂事了就不说了。

寨上这种事不少。以前老人过世后，换衣服的时候就拿锅灰去涂他身上搞个记号。他投胎后就有个记号。我父亲去世时我们好像也划了一个记号。他投胎后同样的位置好像也有。具体我也记不得了。这种事我们觉得很正常。以前老人家不相信这种事才拿锅灰来搞记号，就发现真的有这种事。不过不是所有老人去世都搞记号。也有不搞的。"

【扫寨】　　侗族有扫寨的习俗，时间不定，主要目的是驱除寨子里"恶鬼"，保佑全体村民身体健康、事事顺利。前文中堂安上一任"登萨"陆新华老人为我们详细解说了扫寨的全过程，而另一位姓赢的村民又加上了一些细节补充："（扫寨的时间）一般由老人家看，如果有不好的事情发生了，就要扫寨。由各个姓的老人来主持。烧香念经的都有。各家都要从火塘取一点火灰带到鼓楼去，先把寨门关上，留一个门。以前还有鸟枪，一起放，然后把鬼从一个门赶出去。在那个寨门外面拿鸡鸭来杀，还要拿3条鱼，3斤肉3碗米3根香，然后搞完了，回到鼓楼煮熟了全寨人来吃。哪怕没有肉了，都要喝点汤，表示大家都参与了，都平安了。以前是年年搞，一般在秋收后搞一次，现在不年年搞了，只是有事的时候才搞。最后留的寨门一般都是鼓楼对面那条路上走厦格的那个门。没有门了，那些师傅划个线也代表了。农村是很相信这些的，有的头痛一下都要请师傅来看。"

【侗戏侗歌、舞】   侗族是一个能歌善舞的民族，"饭养生，歌养心"的说法在侗族地区广为流传。传统的侗戏是一种侗族群众喜闻乐见的戏剧艺术。侗戏最经典的有《珠郎娘美》等剧目；侗歌则按演唱形式分为大歌、踩堂歌、琵琶歌等八类，如按歌唱内容来分也可分作"古歌""情歌""悲歌"等八种；侗族舞蹈主要有两大类："哆耶"和"芦笙舞"。侗族歌舞在堂安居民生活中很受欢迎，特别是年纪大些的村民，几乎人人都会哼上几首。比如陆新华老人说自己"年轻的时候会唱一百多首歌，到处唱，好玩得很，有很多女孩子喜欢。老伴也很会唱歌"。调研期

路边听着小调，还轻松跟着哼唱的老人

间有一天下午，我们在鼓楼后山上的一条小路上，遇见一
位老人。当时正好寨子里有人在放侗戏的曲子，这位正在
织鱼网的老人就坐在路边，一边慢慢织着手中的活计，一
边听着小调，嘴里还轻松地跟着哼唱。我们问他"觉得好
听吗"？他慢悠悠地答："当然好听。会听的觉得好听，
你们不会听的可能觉得不好听。"其实我们也觉得挺好听
的，虽然听不懂唱词，但听着悠扬的曲调回荡在古朴的村
寨里，实在是一种难得的享受。而赢村长的儿子也表示：
"堂安过年时最热闹，大家围着唱侗歌、侗戏，要是有机
会（我）当然想学，现在没人教也没时间学。侗戏班有人教，
我妈就学，侗歌和戏都学的。"

　　男孩所说的侗戏班，是一位普普通通的侗族妇女办起
来的，她叫杨秋莲。

办起侗戏班的杨秋莲

访谈实录：
○ 受访人：**杨秋莲**（堂安村民，女，四十六七岁）
○ 时　间：2014 年 8 月 14 日

　　"我是外面（上地坪）那边嫁过来的，二十多年了。
自己女儿儿子我也教（唱）过，小时都学，长大了上学了，
没时间学了。侗歌班开班是因为我们自己喜欢，几个姐妹
商量觉得可以大家一起玩，就搞起来了。博物馆去年（2013
年）来和我们商量，提供地方练歌，让我们固定每个月唱
一次。目前演了 3 次了。从今年开始每个月演出就给一点
钱补助，1500 元。不到 15 个人就每人 100，超出 15 人也
只有这 1500。现在侗歌队有 15 个人，九女六男。侗戏也
是这 15 个人。至少要 15 个人以上才唱得了，都是自己喜
欢加入的。今年起排练在博物馆，以前是在我家的。一般

是 8 点半到 12 点排练，演出前十几天都要排练。觉得差不多了就可以演了，不用通知，只要音乐一响起来大家都跑来看。老人家都特别喜欢。现在年轻人都出去打工了，过节回来也还是喜欢看，但不会主动来学。我从学（唱侗歌侗戏）起就没有忘记，特别想年轻人也这样，代代往下传。我们的目的是把文化传承下去，但现在学的年轻人不多了，其实现在的学生也喜欢的。但老师觉得（学歌）时间用在这上面了，成绩就不好了。……年轻时（我）和老公认识都是通过唱歌，大家都是这种方式认识。现在年轻人都不会唱歌了，也不通过这个认识。"

杨秋莲一边和我们说着话，一边指着和她坐在一起聊天的几位妇女说，她们几个也是侗歌班的。又指着我们请的小翻译——村支书的女儿和她的同学说："她俩我们也教过，她们也会唱一点。"应我们的要求，四位侗族妇女和两位略显羞涩的小女孩现场唱了一段侗歌，而且似乎很随意地，唱到后半部分时，六位演唱者自然地分成了两个声部，清脆的歌声起起落落，余韵悠长，让我们小小地现场感受了一把小型"侗族大歌"。事实上，近年来侗戏和侗歌舞也是侗族地区大力发展旅游业的一道亮眼的招牌，侗族大歌如今被称作"天籁之音"。

【民族语言】   堂安侗寨的居民基本还保持着自己的民族语言习惯。调研中我们发现，年龄在 60 岁以上的老人，多数只会讲侗话，有的能听懂普通话但不会说，年龄再大一些的连普通话也听不懂，见我们发问，就憨憨地笑着，一言不发。这时旁边的年轻人会告诉我们：他听不懂你们的话哦。同样的问题也发生在我们对寨老之一的潘正才的访谈上。潘正才，男，88 岁，不但是堂安寨老，也是一名鬼师，据说知道很多关于堂安的古老故事。寻访他还很费了些周折。老人的日子过得很悠闲。儿子在鼓楼对面开了个小卖部，他有空就去开门守守店，但多数时候是不在的。我们找到他的小卖部，但几次去均是大门紧锁，8 月 10 日上午去，村民说他一般中午后才开门；中午去，邻居说不一定来，可能看天气好到田里转转去了；下午 3 点再去，还是没在。我们问到了他家的地方，直接找上门去，结果只有他老伴在家里织布。因为不太听得懂我们的话，老太太只说他可能"打牌"去了，再问，就双方都听不懂了。晚上，我们再一次去到潘正才的小卖部门口，一位鼓楼下休闲的老人说，潘正才是附近几个寨子都有名的鬼师，晚上经常会有人请去，所以不一定会来。而且有时天晚了他就住在寨子口上的木屋里……直到第二天下午 5 点过，我们才在小卖部门口守到了这位老人。遗憾的是，虽然我们请了村支书 14 岁的女儿和她的同学做翻译，终因老人话太难懂，讲述实在繁杂而作罢。

堂安村民中，六十岁以下，四十岁以上的，基本都能听懂普通话（当地称为"汉话"），但彼此之间交流还是习惯用侗话。比如我们在与村长和支书座谈时，他们向我们介绍情况都用的是不太标准的普通话，但二人之间商量或者讨论时，不自觉地用了侗话。而许多男性村民和我们交谈时可以用较为流畅的带地方口音的普通话，而一转头交代他妻子做什么事时，便是全部侗话，外人根本不知所云。此外，可能是这一年龄段的男人受教育程度比较高的原因，同样 50 多岁的，侗族妇女就不太听得懂我们的问话，需要旁边一些年轻一点的女伴作翻译。一位嬴姓男性村民也表示，"我老伴 40 多岁，她就不会说汉话，只听得懂一点点，不会说。我们40多岁的妇女好多都不会说汉话。"

据了解，堂安村民多数习惯于从小教孩子说侗话，大约到四五岁上学前班才正式开始学习汉语。所以村里儿童基本都会汉、侗两种语言。村长儿子也说，他"小学就用侗话上课，但学的是汉语。所以从小就会说汉语了。……小学到初中一直都要有民族文化课，一般是一周有一次。（因为我们）侗族没有文字，所以没有课本，平时主要教唱一些歌，侗族大歌（也是）从初中开始（教）的，同学们都比较喜欢。目前为止教了三首了。……（我们的风俗）一般是女生唱歌男生弹（琵琶）。但是我不会弹琵琶，这个上课不教，我父亲也不会。……有条件当然愿意学。主要是现在没有时间学，课程安排得紧。"看来作为民族地区的一项民族语言教育政策，在这一带还是很有成效的，而相比较而言，一年多前堂安村委会利用村委会办公楼楼下的场地办起的堂安双语幼儿园，就更为直接地推动了民族文化的发展，或者说，能够为民族文化的传承和发展打下较好的基础。

【民族节日】　　　侗族是个多节日的民族，众多节日可以分为：和传统农事有关的节日，如吃新节；社交娱乐性质的节日，如行歌坐月、各种歌会；还有各种祭祀性的节日，如每年盛大的"祭萨"，等等。通过这些节日增强了民族凝聚力，传播了农事技术，节日活动为青年社交及民族内部的交往提供了方便。节日同时也是侗民族传承信仰、文化的一种方式[16]。但各地侗族所过的节日和过节的时间各有不同。比如吃新节，没有统一的日子，一般多在早稻即将成熟时择日举行，有的于农历七月十三或十四日，有的于"戌"日[17]。而堂安村民主

---

〔16〕冯祖贻，朱俊明，潘年英等著《侗族文化研究》，贵阳：贵州人民出版社，1999：121-124。
〔17〕《侗族简史》编写组.《侗族简史》，贵阳：贵州民族出版社,1985:156。

要过的民族节日有：春节、乌米饭节、清明节、六月六、
八月十五（中秋节）等。我们 2014 年 8 月 9 日入驻堂安
那天正好是农历七月十四，村支书吴坤龙回到家里（侗
味苑）时已经是下午 5 点过，他说自己受朋友邀请和一
个村民到地坪去过吃新节了，还按照当地的习惯带回了
一大坨糯米饭和一只鸡腿。这是那边侗族村寨过的节，
而堂安是不过吃新节的。不过到八月十五过中秋的时候，
堂安村民也会邀请其他村寨的亲戚朋友来寨子里过节。

吴坤龙带回来的糯米饭
和鸡腿

〖春节〗　　　和汉族一样，春节也是堂安侗族群众一
年最大的节日。到农历年底，家家户户忙打年粑、贴春联、
打扫房屋内外，几乎家家都要酿酒、杀猪。走在寨子里，
几乎家家门口都贴着春联，很多人家屋内或者屋外的梁上
挂着大块的腊肉。走到每一家，哪怕是客栈，主人都会准
备好香喷喷的糯米饭，用木头的罐子盛着端上来，饭后大
家围着火塘或者火盆聊天时，主人还会热情地端上几个糍
粑让你在火盆上自己烤来吃。米酒也是随客人敞开喝个痛
快。吴支书介绍："堂安春节很热闹，很多在外打工的年
轻人都会回来过节。寨子里从大年初三开始唱侗戏，一直
唱到农历的十五。都是自编自演侗戏。既演传统的剧目，
也有编排新戏。……春节期间，各家都要宴请亲友，走亲
拜年，忙都忙不赢。"每年春节期间都会有隆重的祭萨活
动，从初一过后开始唱侗歌侗戏、走村串寨访友、邀请戏
班来献艺等，正月初八还有踩歌堂活动，"年轻男女们
都要穿侗服去鼓楼那里唱歌跳舞，里三圈外三圈的，我们
寨子差不多有六十多个年轻女孩要参加……全寨人凑钱
买猪买米，唱完跳完了全寨子人到鼓楼下面吃饭喝酒。"
据了解，由于近年来寨子里的青年多要外出打工，差不多
到初八之后，年轻人开始陆续外出上班，也有的初三初四

春节，寨子里家家户户挂春联，
客栈也贴得喜气洋洋。

就往外走了。留在寨子里的人则继续喝酒串门唱歌跳舞，一般要到过了正月十五之后才渐渐转入农事生产，春节才算过完。

　　春节算是堂安过得最隆重的节日了。在村长儿子的印象里，记忆最深的也是这几个节日："正月间（过春节）是堂安最热闹的日子，要杀猪、牛，大家围在鼓楼唱（侗）歌，会朋友，看戏……乌米饭是农历六月六，不过不清楚为什么吃乌米，染乌米的植物倒是认识的，因为有时跟奶奶去摘（染乌米的草）。还有每年清明都要祭祖。……农历八月十五也热闹，要斗牛，请亲友来吃饭，比如我家，要来十多个人，要吃血红、（一种用猪血制作的侗族特色食品）腌鱼。"陆新华老人也说，"……一年中正月间，六月六，八月十五，有演出看，正月间天天都有得看戏听歌。……要杀猪、鱼、鸡等，亲戚朋友都要一起热闹。从初一过到十五，一定要请全部亲戚朋友，全寨差不多都是亲戚。大家互相请，你一餐我一餐，热闹得很。吃新节我们也不过，我们过乌米节。其他地方过吃新节这些也请我们去，我们也去玩，然后过八月十五啊又请他们来。"

　　〖乌米饭节〗　　村民嬴维银说："除了春节外，要过乌米饭节，大致是插秧苗的那一段时间，各家都要上山采一种植物（音：八格弄）拿来把叶子舂烂然后用水来泡，然后过滤，用滤出来的水泡米，是糯米，只有糯米才做得成。以前我们是养牛做农活，祖先觉得牛太累了，就用米来做成黑黑的食物来吃，表示感谢牛一年给我们劳动很辛苦，谢谢它，不过牛不得吃，吃乌米饭的那天也没有什么仪式，牛一样要下地的哦。这是老人家传下来的传统，是预祝有个好收成的意思。"据《侗族文化研究》一书考证，堂安人所说的植物"BAGENEN（音：八格弄）"，应该就是杨桐。用杨桐的叶子捣烂取出汁水与糯米混合拌均后再蒸出的糯米饭呈黑色，吃到口中回味甘甜，清香入脾，这不仅是侗族的传统食品，也是食疗营养古方，经常食用可强筋健体。

〖端午节〗　　也称"六月六"（双六），吴支书说："和你们汉族端午是一个节，要吃粽粑。"过端午节人们也会自发地组织一些活动，如唱侗歌、侗戏等，出嫁的女儿一般会用篮子装着粽子、酒和肉等，回娘家探望父母。堂安的"双六"还有一个重要的作用，"这是我们这里提亲的最好的日子。男方家要在这一天把包好的粽子挑到女方家，同时还要送米、送肉，杀一头猪。糯米 100 斤，粽子一吊 5 个，大概要送 30 吊左右。女方家同意这门婚事才会收下。……会请一族的人都来吃。……大概是因为糯米有黏性吧，象征着关系紧密，所以糯米在我们这里是很重要的，过节啊重要日子、红白喜事都一定要有，待客人也要有，表示尊重。"

2015 年"双六"侗歌比赛，堂安拿到二等奖
供图 / 赢国辉

"双六"侗歌班表演
供图 / 陆安美

泥人节
供图 / 嬴国辉

【清明节】　　这在侗族是一个重要节日，这一天，各家备办丰富的酒菜前往自家墓地祭祀，有的铲草修墓，有的贴上钱纸，有的挂起坟标，统称"挂青"。多数人家扫墓完毕就在墓地旁边合家聚餐。村支书为我们描述的清明活动颇为具体："我们都要搞那个黄米饭，还要做很多的菜拿到坟前，摆开来大家一起来吃，像和老人家吃饭一样。还要喝酒，我们都喝自家酿的糯米酒，大家一醉方休才回家。（参加扫墓的）不止自家人，要亲戚朋友一起，一般都有二三十人，非常热闹，过节都没有这么热闹。"

【中秋节】　　八月十五中秋节堂安也很热闹，和汉族类似，也吃月饼，多是自己家做的。村委会一般要出面组织村民搞斗牛活动，虽然由于经费不多奖品也不值钱，就是香烟毛巾一类，但村民参与的积极性很高。村里还会组织村民及游客过"泥人节"——在戏台前面的水塘里，大家用泥、灰把脸涂得黑黑的，有的还在头上戴上鱼篓，纷纷跳入水塘争抢捉鱼，最后获胜者有奖励。

【民族工艺】　　堂安最出名的工艺应该算是木匠了，陆新华说："堂安木匠很多手艺很好，很多男人基本都会。……我伯伯是这里最好的木匠，这座鼓楼就是他修的。出去（打工）做木匠的也多，收入也不错，最少都是200元一天。堂安木匠在省内、全国做活的都有。前两天才有一个带了28个木匠去 新晃（打工），农忙的时候就回来种田。我老了，要是年轻我也跟去了。"吴坤龙说："全村男人基本都会木匠。能做鼓楼花桥的有三个，做房子的，还有一个，总共三四个。肇兴有三个鼓楼是我们堂安的木匠做的，叫陆继贤，现在已去世。九几年他在上海北京也做了几个很大的传统的建筑。"

左 /"左中前，三根，三个眼"
陆茂华老人演示在竹签上作修
建鼓楼时的标记
中 / 村长的父亲赢维光在编竹
篓，这是他"鬼师身份"以外
的一门手艺
右 / 鼓楼师傅陆茂华的结业证书

访谈实录：

○ 受访人：**陆茂华**（鼓楼建造师傅，男，60来岁）

　　　　　陆珍贵（陆茂华的儿子，男，40多岁）

○ 时　间：2015年2月24日

　　陆珍贵："我爸爸是木匠，我们寨子里百分之六十的
房子是他修的。父亲去过桂林、常德去修鼓楼。政府现在
（要求）有一个从业资格证，以前没有，现在要规范，我
爸爸现在还在申办技工证。以前没有这个证。是我们祖传
下来的手艺。去年在县城考过了，拿到证了。做了几十年
的木匠了，从小就跟着父亲学。三十来岁独立做木匠。徒
弟有个五六个。大家木匠通用。你忙，这边的就过去帮忙；
我忙，你就带人过来帮忙。"

　　陆茂华："……以前也修房子，后来专门建鼓楼风雨
桥。（每个鼓楼）开始都有仪式。要杀鸡，巫师来杀，之
前要讲些吉利的话。相当于祭鲁班。还要烧香。以前的鼓
楼都是有鼓，现在许多都商业化了，有的还可以上去的，

极简的修鼓楼工具

以前是供大家议事的，不能上去。以前重男轻女，加上女孩子脸皮薄，就不进去了。修好鼓楼、房子后都要大家一起吃饭庆祝一下。比如杀猪呀，猪头就要留给师傅。"

"我修了多少鼓楼风雨桥？桂林两个，常德一个，从江两个，洪州有个21层的，贵阳有个19层的……21层的是我和另一个师傅一起搞的，我自己修的最高的是19层。还有武汉地球村，也有。大小有十来个吧。"

"鼓楼的4根大柱子代表一年四季，外面的代表12个月。一共12根小点的柱子。鼓楼各地的还是有差别的，有的是8个角，原来我们这里都是4个角，后来才变成8个角。8个代表八方，四面八方，表示地方平安人口多。鼓楼有防御功能？议事？应该是吧。最开始也是有这功能，但我只是听说，也没见过。比如堂安的鼓楼开始也很小，后来才越来越大。都是村民集资修的，都要出钱，按家庭来，一个家族(比如我们村，四个大姓)一个大姓出一根大柱子，大家都好面子，大家族比着出。其他的就出工出力出木头。现在可能不是这种方式了。出的这些木头都是杉木，一般我们都是砍了放在山上，可以用了就去抬下来。……鼓楼里面的画也是村里的人画的，但不是工匠画的，不是专门的画匠。就是觉得他画得好，完工后请他去画。有写字的，也有画画的，吉祥如意的这些，都行，花鸟鱼虫都有。"

应我们的要求，老陆师傅还展示了他修鼓楼所用的工具。让我们吃惊的是，这堆陪他走遍全国修了十几座鼓楼的专用工具，居然真的少到如陆珍贵所说："用一个小箱子就可以背起走了。"——全部家当不过是一个墨斗，一把铝制直角尺，一把木制T字尺，一个现代很常见的卷尺，外加一把画着字符的竹签。大家的兴趣不约而同地集中到了那把竹签上。陆珍贵边听着父亲介绍，边向我们翻译：
"你看嘛，每个竹签上画得有字符，每个建筑（鼓楼、
桥的竹签都不一样），主要用于定方位，作标记。最开
始要砍一根竹子来做这些竹签。修一栋房子下来有这么
大一把竹签子。每一块方子都对应一根木条。比如这一
根上面写的是：左中前，三根，三个眼的意思。"

问：这些竹签让别人看到，能修鼓楼吗？

陆茂华："师傅是掌墨师傅，相当于设计师。不同于
一般木匠。别的工匠拿到这个竹签也看不懂，各人有各人
的标记。比如要建四间房子，我可能用这间定位，别人就
不一定知道。做完一个建筑这些竹签就没用了，别人拿来
也没用。……（你们）看到这里修房子修鼓楼都有一块青
石垫着（柱子下面），主要是防水防腐，因为是木头柱子嘛。
有方子穿起来拉着的，不会倒。牢得很。（堂安木匠修房子）
不用钉子全靠榫头……鼓楼大小不一样，用时也不一样。
19 层的要 1000 多个工。看有多少工人。"

【民族服饰】　　侗族服饰衣料，多用自种的棉花，
自纺自织自染的侗布，细布、绸缎多作盛装或配饰。喜着青、
紫、蓝、白、浅蓝等色衣服。据宋陆游《老学庵笔记·卷四》
记载，宋时"男未娶者，以金鸡羽插髻；女未嫁者以海螺

左 / 民族盛装
中 / 中年男子侗装
右 / 妇女日常便装

一位法国游客把自己女儿打扮
成了侗族女孩子

为数珠掛颈上。"弘治《贵州图经新志卷七》载：明代黎平府属"侗人"，"男子科头跣足，或跂木履""妇女之衣长袴短裙，裙作细褶，裙后加布一幅，刺绣杂文如绶，胸前又加绣布一方，用银钱贯次为饰，头髻加木梳于后"，"好戴金银耳环，多至三五对，以线结于耳根。织花绅如锦，斜缝一尖于上为盖头，脚跂无跟草鞋"。清代文献也有类似描述，说"侗人""椎髻，首插雉尾，卉衣"；怀远（今三江）侗人，"罗汉首插雉羽，椎髻裹以木梳，着半边花袖衫，有袴无裙，衫最短，裤最长。女子挽偏髻，插长簪，花衫、耳环、手镯与男子同。有裙无袴，裙最短，露其膝，胸前裹肚，以银镊缀之。男女各徒跣"。至近百年始有改变，大部分地区男穿对襟衣，装束与附近汉族相似。……黎平、锦屏毗连地区，妇女衣长及膝，包三角头帕，但也有的与当地汉族妇女装束相似。都柳江、平永河、寨蒿河两岸，及黎（平）榕（江）公路沿线，据说，这一带妇女原着的衣裙与山区妇女相似，近百年来始变其服，着右衽无领衣，长及膝，襟边、袖口、裤脚镶滚边和花边，冬系围腰，着

曾经家家户户都不可缺少的织
布机如今已经在各家的阁楼上
闲置多年

白布袜，花布鞋，挽顶髻或盘髻。……黎平、从江及三江
接壤地区，春冬穿右衽衣，夏秋穿对襟衣，衬胸襟，着褶
裙，足裹绑腿或布套，穿绣花船形踏脚勾鞋。腹前系围腰，
挽偏髻，插银簪。[18]

　　堂安妇女保留着传统的纺织和刺绣的技艺，只是织布
这一道工艺会的人近年来越来越少了。传统侗族妇女是自
己种棉花、自己纺线、自己织布、自己染布做衣服的，但
在堂安多天，我们只在寻访潘正才老人时在他的家里看到
他的老伴在织布，染布的没有见到，但常常可以看到挑着
"蓝靛"（当地种植植物，染布的主要原料）的妇女走过。
有资料称侗布"结实耐用，染色鲜艳，布纹紧密。有平布、
斜纹布、花椒眼布。颜色有白色、青色、浅蓝色、靛色。
有的还在靛染之后，再上一层蛋白，侗语称为"棉给" 蛋
布），光亮夺目，为黎平、榕江、从江三县交界地区特有
的布料。"如今在堂安织布机已经很少见到摆在家里还有
在用的，我们遍寻全寨也只见到两三架还在使用的织布机，
使用者也都是年纪在60岁以上的老年妇女。问到村民们，

〔18〕《侗族简史》编写组.《侗
族简史》，贵阳：贵州民族出
版社,1985:146。

也都说"家里原来都是有的，只是后来不种棉花了，不自己织布了，就收起来了。现在做衣服还是多数自己做，只不过布料都是直接买了，自己染了再做"。而且堂安村民对自己的民族服装都很爱惜，从哪里可以看出来？调研中我们向很多年轻女性询问要不要参加正月初八的踩歌堂，要不要穿民族服装？好几位女孩回答说，"本来想去的，但这几天天气不好不想去了。因为天气不好，雾重，穿出去后（侗服）容易潮湿，不好晾晒收拾，侗布（受潮）就不光亮了。重做一套衣服要花很多时间……"

侗族擅长纺纱织布，她们自纺自染的"侗布"是侗家男女最喜爱的衣料。"侗布"就是用织好的布经蓝靛、白酒、牛皮汁、鸡蛋清等混合成的染液反复浸染、蒸晒、槌打而成。

靛染工艺上有两个程序：蓝靛的制作和靛染工艺流程。

第一道工序：制作靛染水。把装有木灰的箩筐置放在染缸架上，舀开水往箩筐里灌，让木灰水滴进缸里。人们将染缸里的水称为靛染水。

第二道工序：把半斤蓝靛和半斤米酒混合搅拌的溶液倒进染缸里，然后迅速用木棒在染缸中搅拌均匀，用斗笠或木板（现在用塑料）将缸口盖上，防止油盐之类和不干净的东西进入缸内，这一点特别讲究，不可忽视。三天后揭开缸口看，

如今已经难得一见的织布场景

若闻到缸里发出香味，水色呈现红红绿绿的，靛水就可以了。

第三道工序：靛染水制成后，还要在染缸中放上半斤蓝靛，用木棒搅拌，工序与第一、二次相同。

靛染 早上8点，人们将自织的家机布（白布）一匹（3丈长）放进染缸里浸染，到中午11点左右将布捞出，并放在染缸架上滴干水；下午1点左右，又把染架上的布重新放进染缸里浸染，到晚饭前又把缸里的湿布捞出，置放在染缸架上。晚饭后8点左右，又把半斤蓝靛放进染缸中搅拌均匀，将缸口盖好。第二天、第三天的靛染工序与第一天工序相同，连续三天之后将布拿到河里去清洗、晒干，就完成靛染第一次三天的工序了。第二道和第三道的靛染工序与第一道工序相同，经过三道靛染工序，白布在染缸里浸染9天之后，变成蓝色布料。

浆色 染成蓝色布料后，要想使蓝色布料达到当地侗族人制作衣物的要求，还要给蓝色布料浆色。将1斤黄豆磨成面粉，并先加水，用布过滤豆渣，然后把豆浆水置放在大木盆或瓷盆中，之后再往木盆里加水，使盆中的豆浆水达到适用程度，将蓝色布料放进浆水盆里，布料被浆水浸透后取出晒干。布晒干后再放进染缸浸染，这时染缸中的靛水仍然要放进半斤的蓝靛，蓝色布料在染缸里浸染后，捞出滴干。第一次第一天的浆色工序就算完成了。第二天，

制作好正待晒干的侗布
（资料图）

又如法炮制，经过连续反复三次浆色，每次 3 天，共需 9 天时间才把蓝布浆色完毕，至此整个靛染工序才告结束。

　　刺绣是现在寨子里最常见的手工艺活儿。在堂安寨子里，尤其是下午——上午成年男女多要下田做农活，随处可见三五成群的妇女拿着刺绣活计，坐在房前屋后，一边扯家常一边做，做的多是背扇或者衣服上的绣片。估计是因为心中有数，大家手上的东西都没有画上什么图案，随手绣来就是精美的绣品。据吴支书介绍："现在村子里还有人种蓝靛。种来都是自己染布用。我老婆不到 40 岁，都还会，但再往下一点的就不会了。这个原来都是上一代教下一代人，像我女儿这么大，因为要读书都不会了，一般长大后，要是嫁到外面，她就不会了，但要是嫁在本寨，她会回来向妈妈学（染布）。挑花刺绣平时女儿也会一点。堂安妇女平时都是自己做衣服，现在没有种棉花了，以前是自己种棉花自己每天晚上纺线。我还记得我小时候，点煤油灯，我妈妈每天晚上纺线纺到很晚，她纺到什么时候我们也什么时候才睡，那时间差不多都到凌晨一两点钟，

村民向我们展示精美的绣品

稍休息一两个小时又要起来舂米，过一两个小时又要上山
割草喂牛……"在和歌师杨秋莲聊天时，她也谈到："寨
子里女孩从小就学刺绣啊这些的，这是必须学的，唱歌唱
戏是不强求的。（我们绣这些）没有图案，凭手绣。……
我现在做的是背带，（女儿的）嫁妆早准备好了，以前我
结婚生小孩（所用的东西）也是我母亲绣，嫁衣也是。我
就给女儿准备，女儿也会，（刺绣技术）要一代一代的（传
下去）。"

刺绣的妇女在堂安随处可见

　　堂安是典型的侗族村寨。挪威生态博物馆专家约翰·杰
斯特龙先生曾感慨地说："堂安侗寨是人类返璞归真的范
例。从这个寨子的实物细细品味，完全可以证实它的历史
悠久性。这里有着深远的历史科学研究价值，有着侗族旅
游资源开发价值和人类保护价值。"用这句话来评价今天
的堂安，依旧不失为一个客观而公正的评价。虽然近年来
随着社会和经济的发展，村庄与外界交往日益增多，不可
否认的是，这个小环境保存得相对完好的传统文化，也正
受到全球化、信息化、都市化和市场经济的冲击，出现了
不同程度的衰退与变异。

　　【语言】　　　作为民族传统文化的重要载体的语言，
目前看来因为有各方面的努力，如村民在日常生活中与子
女的交流，基本能够使民族语言得以保存，中、小学教育
专门开设的民族语言课程，生态博物馆开设的双语幼儿园
进行的侗语启蒙教育，都使得侗语在堂安保存着基本与汉
语同比例的使用。

　　【服装】　　　传统民族服饰在堂安寨子里已较少能见
到，偶尔有着民族便装的也多是年龄在 50 岁以上的。现

在还会织布的妇女都在 60 多岁，能用蓝靛染布做服装的也只有 40 岁以上的妇女。刺绣手艺在妇女中基本得到传承，但也只是在 40 岁以上的妇女中较好地保存，年轻一辈只会最简单的绣法和工艺，并且因为用到的时候少、上学后学习时间少等因素，年轻女孩子休息娱乐时基本都市化，以手机、上网、电视等为主。我们调研中没有看到一个 30 岁以下青年女性做刺绣，倒是有几个十几岁的女孩拿着较为现代的"十字绣"绣着玩。据介绍，全套民族盛装几乎在每户村民家中都还有保留，但一般只在逢年过节或者有重大民族庆典时才穿。年轻人从发型到着装都与流行同步，T 恤牛仔裤 + 运动鞋已成标配。

　　【歌舞】　　　　如村支书在访谈中提到的："传统文化（唱歌跳舞）传承很难，年轻人都不怎么在家了，平常除了每月一次的（杨秋莲他们的侗歌班表演），平常村委会也不组织。因为政府没有给什么文化费用。再有就是逢年过节时搞些活动，都是村民自发组织点活动。像过春节，（村里的妇女）她们自己出来表演侗戏、唱歌，费用大家凑。比如年轻人自己出钱买一些用具，或者到最后那天，各自出 5 元出 20 元，多少都好，最后名字（捐款名单）公布在鼓楼那里。"因为民族歌舞传承的主体之一——年轻人多外出打工，有的要到过年过节才会回来，所以原本在民族交流、青年人社交等方面起到重要作用的侗族传统的"行歌坐月"等活动如今已只能在 40 岁以上的人的口中听到一句半句。

　　【民族祭祀和节日】　　　　堂安所过的传统民族节日已在上文列出，对于现在的村民来说，少数年长者还知道过哪些节，为什么过，意义何在等，绝大多数 50 岁以下的村民都只知道要过节，要有哪些基本的活动、仪式，准备哪些食物等，而过节的来历、习俗产生根源等几乎无人知晓。比如扫寨，陆新华老人可以详细地说出过程、要求、意义，举行的时间如何选定等，但二三十岁年轻的人只知道大概时间（秋收后）和扫寨的大致含意。再小一点，如村长儿子一辈的，根本就没有"扫寨"印象了。

一位侗族老人向我们演示如何用专门的小镰子收割糯稻，并表示，糯稻只有这样一棵两棵地收割，才能长短差不多，晾干后打捆才好看。

【民族技艺】　　　目前堂安的木匠工艺还有所保留，但自最著名工匠陆继贤去世后，村里会修鼓楼、花桥等传统建筑的人越来越少，据村支书说目前（专业的木匠）只有两三个，虽然男性村民都会一点木匠手艺，但现在也多限于外出打工或在家具厂做事等，技艺传承极为有限。

【传统农业技艺】　　　一些简单基本的技艺还在代代相传。用吴支书的话说："传统农业技艺我们还是从小会教一些，我的小孩我经常会让他跟老人上山割草啊，有时让他学一下栽秧、割谷子，耕田和犁地还没有学。也不止是我家这样，全寨子基本都是这样教小孩子的。"幼儿园陆安美老师也提到，在给幼儿们上民族语言等课程时，也会有意识地教一些传统节气、农业常识。村长儿子则表示从小会和奶奶上山割草，会种地，春天时跟着父亲下田去插秧，而且知道堂安人种田不怎么放化肥，堂安人是把猪圈里的肥挑到田里去，田里还养鱼，秋收后就可以吃鱼了。说明基本的农业常识和技能，村民还是在有意识地传授给下一代。

第四章

体验

堂
安

一、堂安·初见

堂安的停车场往前 20 米便是寨门的位置，只是短时间内我们都可能看不到这个寨门了。听村民介绍，之前一位村民开车不小心把寨门撞倒了，因为责任没搞清楚，所以寨门一直没重修，直到 2015 年 2 月我们再次来到堂安，"寨门"还是一堆旧木头。这堆"寨门"的旁边，立着一块木制的"堂安侗族生态博物馆"的牌子，虽然稍显陈旧，但上面的文字还是清晰可见——用中英文对照，标明"堂安侗寨位于'弄报'山半山腰，是中国与挪威政府共建的'侗族生态博物馆'。堂安侗寨始建于清朝嘉庆年间（1796~1820 年）。……全村有居民 800 多人，以赢、陆两姓为主，散居在'班博''几定'两岭之间，村寨依山就势，建筑沿山体等高线布置，并以鼓楼、戏楼为中心……""寨门"附近还有一块"八寨一山徒步旅游线路图"的牌子，很贴心地向来客们展示了堂安侗寨和其他"兄弟姊妹"村寨的地理关系。两块木制的牌子经历风雨，带着些沧桑的感觉默默地站在那里，似乎在告诉人们堂安的前世与今生……

进寨不到 50 米，左边几座三层小楼相当惹眼，涂了亮漆的棕色的木制外墙，镂空花纹的窗户，居然是两家客栈：一家叫堂安侗味苑，另一家叫同福客栈。之前几次到堂安都没有住宿地方，这次一下子看到两家，让我们很是惊喜——早知道就不住肇兴，直奔这里了。走进侗味苑细看才发现，这两幢楼不算标准的侗家木质楼，只能算改良版了——一楼墙壁、隔断等主要的建筑材料还是红砖，地面铺上了地砖，然后在墙外贴上了一层木皮，再刷上漆，远看就是漂亮的木结构房屋了。不过室内的柱子、楼梯倒都是全木的，二、三楼也是全木结构。二楼是主人的卧室和六间客房；三楼没有隔出房间，屋顶是"人"字形的，便有些阁楼的味道，看上去是粮仓的样子，堆了一些农具、稻谷。听说这家客栈是村支书家开的，为方便，接下来的几天我们就住了这里。再往前几十米，路的右面还有一家山水客栈，不过建筑风格明显比前面两家差了许多——同样色调和材质的木门木窗装在裸露的红砖房上，再配以楼上平台明晃晃的不锈钢护栏，显得和周围其他木质结构的民居格格不入。不过在这家我们倒看见了一个独特的现象——一楼，算是客栈"大堂"吧，除了吃饭的桌子之外，居然停着一辆轿车——饭厅兼做了车库，让我们不得不佩服主人家这种相当实用的设计。

二、寻踪·潘家梯田

时间：2015 年 2 月 23 日

据寨子里的老人说堂安人修梯田是很讲究的，不能人多，只能一个人干，动手的人多了，梯田就砌不好，会垮。不过因为没有亲眼所见，这份神奇也只能止于听说了。值得一听的，还有堂安村的后山有一个长城般的石砌梯田的传奇故事：清光绪四年（1878 年），已是 61 岁高龄的堂安鬼师潘传大，毅然放弃已从事多年的鬼师职业，决心为

潘家梯田全景

后人造一块好田。从此，他 12 年如一日，吃住都在山上，而且亲自挑石上山筑田，终于在他 73 岁那年完成了这块长约 150 米，最矮处 1.5 米、最高处 5 米多的梯田杰作。如今，100 多年过去了，这片"长城梯田"仍然屹立在这里，向游客们展示着侗族人民精深的稻作文化和不屈服于恶劣生存环境的奋斗精神。

为了亲眼见识一下神奇的潘家梯田，我们在第三次到堂安时抱着志在必得的决心专门到后山找寻，很费了些功夫。因为当天大雾，能见度相当低，这片梯田据说在村后山坡的最高处，我们只好凭感觉从瓢井后的青石小路一路向高处寻去，一边向村民打听"潘家的石头梯田"，好不容易才在钻了不少刺蓬、攀上了村后的水泥水窖之后，才在大雾中隐隐约约看见一道长长的石头砌的像城墙一样的建筑，虽然还不很确定，但它确实符合"在山坡的最高处"和"是用石头砌的"这两大特征。走近"城墙"才看清楚，这确实是一道石头砌就的梯田的堡坎，不但在山坡高处而且这堡坎也相当高，约有四五米高，所以人站在山下或者半山，就只能看到这一溜长长的城墙，不经村民指点，或是不了解情况的人，很难想像"墙"上竟然会是一

这块青石条据说是潘传大空手搬来的

片田。我们一面手脚并用地往高高的石头田坎爬去，一面抱怨着"真是鬼师修的梯田啊，种个田都得这么费事，估计现在这田也没人种了"，哪知爬上去才发现上面真是一片水田，不但没有荒，而且明显是有人在种着东西的，只是此时种的东西已经收割，田里储着水。也才发现，我们之前是走了弯路，其实同样沿着瓢井后这条小路，一路向上逢分路便右行，便能很容易地到达这片梯田。梯田沿着山坡修建，山坡算是田的一条边，另一条边就是弯弯曲曲的，围成了一个不规则的腰子形状。试着用脚步丈量了一下，长是 150 步，宽 20 步，按每步 40 厘米来算，梯田大概长 60 米宽 8 米，和传说中的"长 150 米"差别有点大，不过按周长来算的话也说得过去。石头梯田附近还有不少梯田，多是在土地上开垦出来的，且面积都不算大，衬得这一片用石头砌成的梯田相当惹眼，让人不由得对当年把这么多石头弄上半山修建梯田的潘姓鬼师心生敬意。田埂的中间部位还用条石嵌入设置了两处台阶——有村民说，"据老人说修梯田的这个潘家的祖宗，力气特别大，别人两个人都抬不动的青石条，他一个人提起两条来就走……那里有一处沟上有两条青石搭起的过路的，就是他放在那里的"。

三、现场·祭萨

时间：2015 年 2 月 26 日正月初八

　　2015 年春节，正月初八，是堂安村"祭萨"的日子。我们提前几天到堂安住下，从正月初七开始，陆陆续续有外地的游客赶到堂安，也是为了看看"祭萨"的盛大场面。初七的中午，我们还正在村民家的满月酒席上跟着大家一起唱歌喝油茶，就看到嬴勇文村长满头大汗地从鼓楼后面的家里出来，一路小跑到鼓楼 20 米开外的村委会二楼办公室，打开高音喇叭，用侗语叽哩咕噜地说了一大堆，听起来是重复了两遍通知什么事情，然后急匆匆准备往外走，被我们堵住问他刚才说了什么？他抹一把脸笑着说："我家里有客人，我正吃着饭，想起明天'祭萨'的准备工作还没通知，村支书和文书又不在……就赶紧来通知一下。就是通知大家明天的活动的柴火要准备了，大家抓紧去准备。"嬴村长说，准备柴火的事是全村小伙子的事，一般 15 岁到 45 岁的年轻男子都要去捡柴火来，初八"祭萨"鼓楼里的火不能熄，要烧一整天，需要的柴火可不少。原来如此。果然没过多久，便陆续有青年男子或一个人拖着，

祭萨前的准备工作：众人拾柴

或两个人扛着，或几个人抬着树木枯枝都到鼓楼下面集中去了。有村民告诉我们，"寨子里的年轻男子，15 岁以上 45 岁以下的，都会主动去捡柴的。当然你不去也没人会惩罚你，但这个是自己寨子里的事，是自己对祖先的尊重，也是给自己祈福。每个人都觉得自己有那个义务。全村人都去了，你一个人偷懒没意思嘛"。那初八的"祭萨"到底几时开始呢？问到村民们，都是一个口气，"下午三四点钟嘛，早上各家还在送客啊忙自己家的事，下午才得空"。我们只好继续耐心等待。

正月初八中午，我们正好寻到了寨老潘正才老人家，他的两个儿子正在烟雾迷漫的厨房里忙着准备午饭，见到我们，潘家二儿子潘云光热情地邀请我们一起吃午饭，却之不敬，加之我们正想体会下这位神秘老人的家庭生活，便封了两个拜年红包，做了潘家的座上客。

潘正才家宴。老人在吃饭前烧
香祭祖

老人家的住房是传统的侗族木楼，二楼的堂屋很大，我们刚坐下，潘正才老人和老伴也进了屋，潘云光说二位老人一般也是这个时候才起床，直接过来吃午饭。正说着，村里的歌师陆跃刚和他的母亲也进来了——大家一片混乱介绍之后我才理清楚这其中复杂的关系——潘正才是陆跃刚的舅舅，潘正才的亲姐姐是陆跃刚的母亲。而且很巧的是，潘家姐弟目前是堂安寨子里资格最老的人物：潘正才，今年88 岁，是寨子里年纪最大的男人；他的姐姐我们姑且称之为潘阿婆吧，是目前寨子里最年长的女人。这下正好是一家人聚在一起吃个饭。说话间，潘家孙媳妇已经把饭菜端上了桌，一家大人小孩加上我们整整坐了三桌。潘正才老人开始做一些仪式，大概是祭祖的样子：先是口中念念有词，很长的一串词，虽然听不懂是什么内容，听发音却少有重复的，不由得暗自称赞老人年纪虽大记性却相当好。大约念了有五六分钟，老人拿来准备好的香和纸，放在一个脸盆里烧了，边烧边念诵，然后招呼大家坐下开始吃饭。

小小女孩也要认真装扮起来

吃完饭已是下午两点过，因为看到寨老潘正才都还在家里，我们知道不用着急了。将近 3 点，潘家孙媳妇拿出事先准备好的侗族服装开始给潘正才的两个重孙装扮——正好一个重孙子一个重孙女，男孩子还好些，早早地穿完跑出去玩了，女孩子从头到脚穿戴周全用了差不多半个小时，之后才由妈妈带着出门来。知道祭萨快要开始了，我们赶紧告辞出来，此时外面已经响起了一阵一阵敲锣打鼓的声音——一群年轻男子敲着锣打着鼓走进寨子的每一条巷子——这是祭萨前的必备程序——他们要挨家挨户地把年轻少女们请到鼓楼参加活动。被请出来的侗族少女们早早地在家打扮好了，穿上了全套侗服，戴上全套银饰，成群结队地走出来，在离鼓楼不远的地方集中，等待着其他

祭萨现场

姐妹。而此时，鼓楼下已聚集了全寨的寨老（60岁以上的男人）边聊天边从各人带来的包袱中抖出精心收藏的服装——这些服装样式有些奇特，每个人的都不太一样，但都很像清朝时期的长袍。寨老们人不少，坐满了鼓楼四边的长条凳。等姑娘们差不多都到齐了，一阵鞭炮声后，花枝招展的侗装少女排列整齐，后面跟着十来个侗装男童和女童，在那队年轻男子的锣鼓声中缓缓走向鼓楼，与寨老们聚齐。在锣鼓与芦笙声中，潘正才老人打头带着寨老们向萨堂走去，盛装的姑娘们紧随其后。队伍在萨堂前站定，两位寨老一前一后从萨堂里出来，第一位提着红色篮子，第二位拿着一把红雨伞，二位老人领导着这支队伍又向鼓楼走去。到鼓楼火塘边站定，寨老们围成一圈坐下（我数了数一共是32位老人），在潘正才老人的带领下开始唱念，听上去很像是一种非常古老的

第一位寨老提着一个红色篮子从萨堂走出来，第二位寨老拿着红雨伞，他们的着装都很类似清朝的男人服装。据介绍，参加仪式的寨老（寨子里60岁以上的男人）都自备服装，这身服装一般也只会在这样隆重的场合才出场。我仔细数了一下，一共是32位寨老。

歌谣，盛装的女子和年轻男子、儿童组成的队伍则在寨老们的外围，同样绕着火塘周围的四个条凳，边跟着唱边有规律地缓慢走动。一位旁观的妇女主动为我解说："他们这是要正走三圈，再倒着走三圈。"至于为什么是三圈她也不知道，只知道这是多年的规矩传下来的。寨子老人唱念完了，便由姑娘队伍和小伙队伍对唱，每个队伍还有自己的领唱——这是开始踩歌堂了……而此时，鼓楼外面的空地上，村支书和村长已经带着一队人在忙活杀猪，准备着晚些时候全寨老少的聚餐了。

寨老群像

四、感受·吃相思

时间：2015 年 2 月 25 日

　　"月也"，汉译为"吃乡食"或"吃相思"，是一种村与村集体走访作客的社交活动，也是春节期间黎平一带侗族的传统活动。2015 年春节我们特意赶到堂安，一是为了看正月初八的祭萨活动，二就是冲着"月也"去的。在堂安呆了几天，虽然村民们走亲访友的热闹场面看了不少，却并没有看到资料中记载的情景："……皆着盛装，随带'歌队'或'芦笙队'或'戏'班子，到客寨演唱。主人则以酒肉款待，宾主欢度三至五日始散。别离时，主人还以猪羊相赠。视收成情况，次年或若干年后，此寨再到彼寨回访。这种风俗流行于榕江、黎平、从江等县……"我们有些着急，干脆直接向村支书打听，结果他哈哈大笑说："你没看到我们几个这几天都在厦格喝酒吃饭，寨子里的亲戚都还没得时间走动，这个就是侗语的'WEIHEI'（月也）嘛……都是各人朋友邀在一起到外面寨子去喝酒吃饭啰……厦格这几天热闹得很，

厦格村景

厦格村戏台与鼓楼也相对而建

台下看戏的人真不少

我们昨天还喝到晚上，又唱又跳……"他一番话听得我
们心痒痒，连忙打听，知道第二天还有活动，便约定他
通知我们前往。第二天，正月初七中午，我们接到吴支
书电话，赶紧向1公里外的厦格赶去。因为听说两个寨
子相距不远，站在堂安村口都可以看到，我们决定步行
去厦格。可能绕了路，而且山路泥泞，我们花费了50分
钟，穿过了厦格上寨和中寨，才找到了位于厦格下寨的
当天表演的鼓楼。有村民介绍说，"厦格寨子比较大，
所以分上中下寨，一共有4个鼓楼4个戏台。不过有几
个都旧了，没用了。这是个新戏楼（今天要表演这里），

厦格盛装女孩为从江侗戏班送
上礼物

所以要请外面的戏班来热闹一下，必须有一个踩台仪式，否则会对村里人不好。这次请的是从江的一个侗戏班子，因为（两个寨子之间）从古老的时候就有交流了，所以就请的是从江这支队伍。"

热情的吴支书和堂安歌师陆跃刚正在鼓楼等着我们。此时鼓楼对面的戏台上正在上演侗戏，时不时地有人放一声铁炮，送上去一个红包。第一次听侗戏，听起来伊伊呀呀的我也听不懂，但台下坐满了老人小孩，都是一副听得津津有味的样子。吴支书向我介绍了厦格村赢支书。他告诉我们："新戏台是村里出地皮，堂安的是文物局联系牵线，世行投资修的。厦格的也是这样。整个堂安和厦格所有投资，包括路啊花桥啊戏楼啊，总共 850 多万，一个戏楼台大概 10 多万。没有女人到鼓楼的，（女人）没有权利进入鼓楼，不能进来坐。你们外来的可以。本族的都不会进来的。或者你（女生）一看全部都是男生，也不好意思。现在唱的（侗戏）是'MENLONG'，说是古时有一条大蛇变成一个后生仔，碰到一个美女，他喜欢她，她又喜欢他……值得看一下。我们的娱乐是传统的，请戏班子不花钱，（全村人）招待吃饭。来的客人，全寨的一起招待。主要是礼尚往来，互相交流。今年他们过来，明年你们又过去，这就是一种'月也'。他们是从江县，我们是黎平县。侗话是'WEIHEI'。最少还有几天，明天就没有唱戏了，就是初八踩歌堂。后面几天，上班的去上班了，娱乐的照样娱乐，就是我们村子里的人自己唱戏跳舞。过完初八，就有人往外走了，要打工。有的初四就走了。一般年轻人都会回来过年。"

大约 3 点半，一阵敲锣打鼓之后，才是吴支书所说的最热闹的时候——厦格村的一队年轻女孩身着民族盛装，

用扁担提着竹篮，抬着各种东西，五色糯米饭、肉等，一路走来，其后紧跟着一队化了装的年轻男子，有的扮成小丑，有的男扮女装演背着孩子的侗族妇女，有的扮成瘸子，做出各种搞笑的动作。两支队伍先是在鼓楼里绕了三圈，然后从戏台前面搭一个梯子上去。盛装女子们送上礼物又从前面下来，列队站在戏台前，观看表演。此时戏台上的演员们都已退到一旁，由这支本村的队伍上场，虽然我们听不懂侗话，但听着看戏的人们一阵高过一阵的笑声，便知道他们演的应该是谐剧一类。这种表演实际上是对从江戏班的回馈。他们演过几场从江戏班子再演几场，然后本村的再演……据说如此要循环多次，把村子里的气氛搞得相当热闹。陆跃刚向我介绍说："这个戏班一般要在厦格呆几天，天天唱戏热闹。一般呆的天数是单数，要不3天，或者5天，要不然就是7天。我们寨子的戏班出去时也是一样的。明天初八厦格也要踩歌堂，（戏班听说也）还不送走，这次可能要呆7天。……刚才红包一般也是包一100、200、500，是个意思。像送她们回娘家一样。"

五、独特·满月酒
时间：2015年2月24日

这一天，女方家很早就开始忙碌，不到凌晨4点就开始杀猪，一人高的土灶升起雄雄火焰。帮忙的人们分工明确：一些男人负责杀猪、收拾，一些部位现场大锅烹饪，一些部位则分成两斤左右的细长条，用稻草拴好——主人家介绍这是用来回礼的——来道贺的亲友离开时，每人都要提上一条肉和一小包生糯米。几位年纪稍轻的围在一只大盆边上清洗刚宰杀的数以百计的鹌鹑，女人们则负责把

2

1　　　　　3　　　　　　　　　　　4

1 . 回娘家的女儿
2 . 专门请来背小孩的老人手
　　中拿着红雨伞
3 . 满月酒的小"主角"
4 . 亲友忙着准备宴席

成捆的蔬菜拿到瓢井下的水池里清洗干净……早上八九点，道贺的亲友陆续抵达，多数都挑着捆扎精美的糯稻，也有的送上一挑两罐糯米饭，也有直接送成袋的生糯米的。在门口放下，大声向主人道贺。大约早上 10 点过，在一阵鞭炮声后，一辆面包车缓缓驶到娘家门口。车门打开，打扮得漂漂亮亮的新任妈妈笑盈盈下车迈进娘家门，身后紧跟着一位拿着红雨伞的老人，背着襁褓中的孩子。这位背孩子的老人也是有讲究的：必须是亲戚里有儿有女的妇女，这样有福气的人背了孩子，孩子便也有了福气。这场满月酒稍有些特殊——因为孩子的爸爸是一名现役军人，春节才能回家探亲，所以这场"满月酒"推迟了好几个

挑着糯稻来吃满月酒的亲友

月——此时孩子已经 7 个月大。女方带着孩子回娘家这事好像男方并不参与，全程并没有看见孩子爸爸，等孩子背进外婆家，宴席便开始了。

据村民介绍，这里满月酒宴席有几道必备的食材：牛肉、血红、折耳根。因为主人家场地有限，更因为村里乡里乡亲多多少少都有些亲戚关系，满月酒席就因地设席，这家摆 10 桌那家摆 8 桌，客人们也都被分散到了十来户人家，最终我也没弄清楚这满月酒到底席开多少桌。

吃完满月酒席，还必须再上一道"油茶"，和传统的"油茶"有所区别的是，碗底会先铺一层小块的黄色糯米糍粑，然后再浇上油茶。此时碗里五颜六色——黄的糍粑、红的和白的阴米再配以浅褐色的茶水，这种喜庆的食品客人是必须吃完的。吃完这道油茶，再聊聊天，便是启程回婆家

满月酒最后一道必吃"菜"——油茶，左下角筐里便是小块的染成黄色的干糍粑片，用来铺在碗底，再浇上油茶。

的时候了。此时又是一阵比来时更猛更长时间的鞭炮，外婆家把早已准备好的糯米、床上用品、大小家电等抬上车，算是把女儿的嫁妆送上。当然，嫁妆的丰俭也要看娘家的能力。据说堂安人都很要脸面，不管家里多困难，女儿的陪嫁也都要尽可能地备得丰盛，一位陆姓中年妇女告诉我们："堂安村嫁女儿陪嫁最少都在 50 挑以上，多的一两百挑。反正男方家除了房子，里面的东西差不多都是女方陪嫁的。现在有的家条件好的，还会陪嫁小汽车。"

在满月酒席上，我们还听到一个之前不知道的当地风俗，女儿嫁人后生了小孩，其"冠名权"——也就是给小外孙取名字必须由外公来取，当然使用这个权力也要有相应的付出——取名，然后给钱，给多少也是看外公的经济条件。比如这场满月酒的主人家，当我问到"新任外公"取名给了多少取名费时，这位 40 来岁的中年男子含糊地说："呵呵，也不多啦……只给了四五万……。"我们在另一位嬴姓青年家中访谈时，他的孩子才 40 几天大，也刚办过满月酒。他的妻子说，自己父亲经济条件不是很好，给孩子取名时给了 10000 多元。难怪几位受访的妇女也都承认"堂安侗族真的重男轻女，生女孩子最吃亏"。还有一位妇女直接调侃道："堂安人嫁姑娘，媳妇是你的，嫁妆是你的，生的孩子也是你的，取名字的钱也要你给的。"

六、侗汉·双语幼儿园

堂安双语幼儿园同时也是生态博物馆幼儿侗歌班。目前有两位老师。年轻的女老师陆安美热情地接待了我们，并详细地对侗歌班的情况作了介绍。

访谈实录: ─────────────

　　○ 受访人:**陆安美**(女,幼儿园老师,33 岁)

　　○ 时　间:2014 年 8 月 14 日

图中为陆安美

　　幼儿园建于 2013 年 9 月,我在这里主要负责教授侗歌。我本来是生态博物馆一个长期聘用的人员,在博物馆做一些接待工作。后来要成立这个侗戏班,因为我在贵阳幼师学过(短期培训班)幼儿教学,就派我过来。开设侗歌幼儿班也是为了传承民族文化。目前孩子们已会唱侗族大歌、拦路歌、敬酒歌等十几首。现在班上有 28 个小孩子。我和另一位老师每月工资 1500 元,我的工资是生态博物馆负责,孩子每人每月收费 200 到 400,除去另一位老师的工资,其余用于教学,也包括买一些零食水果。除这个班之外,博物馆也组织其他活动,比如出钱给(侗歌队)唱侗戏。我们这有一个老年歌队,如果有游客要求表演,会请他们来

侗歌班的幼儿们经常有演出
供图 / 陆安美

表演。原计划还要办一个少儿侗歌队，目前因为各方面原因，比如费用问题，还有孩子学习时间的问题，目前还没搞起来。……侗歌班特色就是教侗歌，希望他们从小学会，到长大后不会忘记。现在从小家长都没有时间教（侗歌）了。有节日时我们还要组织孩子们上台表演。比如'双六'，就是六月初六，就上台表演，你们看到戏台上的（标语）就是我们做的。我们表演时村里人都会来看，大家也会买些糖分给小孩。还有的送200元给小孩买东西。儿童节我们也表演，有一次有北京的游客（来堂安），（看到孩子们表演）他们也觉得很有意思也给了200元让我给小孩买东西。说明（侗歌）还是很受欢迎的。

村里以前从来没有幼儿园，小孩一般都是5岁多直接上学前班了，村里希望孩子能从小接受到较好的教育，办这个侗歌幼儿园很有意义。我们也上一般的文化课，也教侗歌，这是民族文化嘛！这是我们的课程表……还要讲一些农村的节气，比如打谷子了，这些，小孩就知道妈妈今天干嘛去了，去栽秧了……还要讲一些传统的故事，这些就是要用侗话讲的，因为小孩子听不懂汉话。还要讲一些老人的规矩，比如以前的踩堂，正月初八踩堂，我们当姑娘的时候就知道结过婚的（女人）就不能进去的（这些都要告诉他们）。不过现在好像都无所谓了，（踩堂时）有的女游客也都进去的……

访谈间隙，应我们的要求，陆老师组织小朋友们唱了三首侗族歌曲，大概是儿歌吧，因为听不懂歌词，只觉得歌声清脆韵律悠扬。小孩子们或坐或趴，有的边玩边唱，看得出来是经常唱着的，不用专门排练张口便来。看来侗歌班办得很些效果。

七、品味·侗家美食

这位送礼的老人挑着担子，一头是打好的生糯米，另一头是装着糯米饭的木桶。

关于侗族饮食，有资料称：以大米为主，小米、红稗、包谷、小麦、薯类为数不多。大部分地区食粳米，唯山区喜吃糯米。副食有猪、牛、鸡、鸭、鹅、鱼等，瓜类、蔬菜品种繁多，以青菜、韭菜、丝瓜、葫芦瓜最普遍。好吃牛肉、鱼类及酸、辣味。喜将青菜、肉、鱼醃在瓦坛或木桶里，名曰"醃鱼""酸菜""醃肉"，且以"醃肉"、"醃鱼"为贵，味道酸辣，醇芳可口，是款待宾客的上品。酒多以糯米酿成，有的经过蒸馏，有的连酒带糟一起饮用。酒的度数不高，但酒性持久，醉后不易苏醒。酒不仅是平时的饮料，也是待客不可缺少的饮品。这里面主要提到的"糯米""醃肉""糯米酒"在堂安都很常见，其他特色食品还有油茶、血红（又称红肉）、牛瘪等。

【糯米饭】　　堂安的糯米是当地一大特色，不但逢年过节走亲访友、红白喜事要送上糯米——可以是成挑的稻谷也可以是蒸好的糯米饭，正月里过节要打粑粑，农历四月八前后还要制做乌米饭。平时家里来了重要的客人，也要蒸上一罐子糯米饭，更讲究的还要用各种植物汁

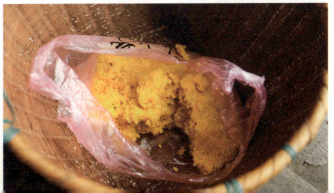

液把糯米染上黑色或者红色或者黄色，以示少有且对客人相当尊重。村民赢维银解释得更具体些："堂安人为何要把糯米饭染成各种颜色？香！而且黑色特殊，白的太普遍了，黑的比较少，又有限，糯米做成黑色除了好吃还有精神上的特殊的意义，人家来你家作客，你有黑糯米饭，主人也有面子，也表示对客人很尊重。"在堂安，吃糯米饭是要用手抓着吃的，如果你总是用筷子去挑，主人会多次提醒你"吃糯米饭要用手直接抓着吃才好吃呢"。此外，糯米通常还会用在堂安人最喜爱的"腌鱼""腌肉"等的制作过程中，算得上是堂安侗族日常生活中不可或缺的必需品。

在堂安人眼里，糯米是每年必须种植的，而且收割时一定要用专门的小镰刀一棵一棵地割，以保证晾干后的糯稻成挑成捆，送礼时才好看。多位村民表示，堂安人种糯米一般只种够自己家一年到头送礼和办红白喜事用的，有时不够还要到市场上去买。堂安人平时最爱喝的自己家酿的糯米酒也是以自家产糯米为原料。当然自家种的糯米是很少放化肥的，大部分用的是农家肥，化肥只是为了增加产量才放很少的一点。看来，堂安糯米算得上是绿色食品了。

出售的糯米酒包装很古朴

【糯米酒】　　　　侗族男子都喜欢喝酒，平时喝的酒多以糯米酿成。堂安人有家庭酿酒的传统，不少人家自家都有烤酒房，或者设在后院，或设在屋内。堂安人家烤出来的糯米酒多用于自家饮用和接待客人，少有用来卖的。但从 2014 年开始，一位从外地打工回来的青年男子赢维银（乳名赢常宝）决心开发堂安这一特色产品，便在自家屋外打出一张红色海报，出售自家酿造的糯米酒和堂安另一

在一户人家后院，烤酒炉上一锅糯米酒正在"出炉"，主人家热情地招呼道："来尝一点嘛，自家烤的，香得很……"

特产——梯田糯米。他说："我们出售的酒保证都是用堂安自产糯米为原料，保证用堂安最原始的工艺酿造。父亲主要负责造酒，我主要负责销售。出售的梯田糯米也都是自家种的，也有的是村子里的人拿来换酒的。我们的酒没有放任何添加剂，不像别人做的高度酒。我们的酒蒸馏出来的最多20多度，完全不可能有高度酒。高度的要兑酒精。我们的酒随便喝多少头不疼的。我跟老爸整整学了一年，边学边做边卖。"

这位年轻的老板说，虽然自己卖酒一年一共才收入了几千元钱，但还是有信心把这个产品做下去："……要把楼上的房子打开来展示，下一步想全部都用土坛子装酒。我们村民都喝自己做的酒。这酒按斤卖，20元1斤。当然卖给本地人最多卖5元。你算下一天烧一锅酒，最多一天烧30斤，要用米要用柴（蒸酒），还有之前煮米也要用柴，5元1斤是赚不到钱。我们作坊产量不是很高，这段时间（春节期间）都不够用。"

【红肉】　　又称"血红"，在黎平、榕江一带的侗族，凡是办大型宴席或者是重要节日时餐桌上总少不了"红肉"这道菜。就连堂安村长家 12 岁的男孩，提到过节时，也要重点说一句："……要吃红肉……"可见其在侗族传统食物中的地位。侗族"红肉"的制作方法说起来有点"生猛"：先把猪肉切成巴掌大的片，串在铁丝上烤熟，然后切细，再把生猪血拌进去搅匀。将生姜、葱花、桔皮、花椒、辣椒等磨成粉，拌上烤得七八分熟的猪胆汁，做成佐料。最后把这个佐料和准备好的猪肉拌在一起，就成了红肉。这道菜吃起来酥脆又带一点苦味，是侗族群众最为喜爱的美食之一。这道菜我们在堂安吃满月酒的宴席上似乎见到过，但制作方法不完全一样，区别在于，烤好的猪肉拌上了辣椒、花椒等佐料，但没有拌上猪血，此菜专门配制了另外的蘸料，里面倒是放了不少暗红色的生猪血，因为看着有些吓人，我努力再三也没敢下筷子，最终也没能尝到个中滋味。

餐桌左边红红的那碗便是加了生猪血的蘸料，正中这碗便是传说中的"红肉"了。

【油茶】　　又称"打油茶"。侗族人一年四季都喜食油茶，也喜欢以油茶来待客，侗族油茶号称与日本茶道有一拼——工序和用料十分讲究。首先是茶叶的选择，要用五月间摘取的老茶叶，蒸过之后压或者舂成粉末待用；二是准备好佐料，包括阴米（用糯米蒸熟后阴干，讲究的人还要染成红、黄、黑等颜色）、花生或者黄豆、葱花等；三是工序讲究，先要把茶叶或者茶叶末炒到略带焦香味，冲些水煮沸并用锅铲反复捶打使茶叶出味（故称打油茶），再冲入大量清水煮沸，然后把锅里的茶油烧得滚开，把阴米放进去炸成米花；第三步，在碗里每样佐料放入少许，有时还要加上一小把糍粑，再从锅里舀出滚烫的油茶汤冲泡即成，也可以加上葱花、姜等佐料，味道更佳。看来，我在满月酒席上吃到的油茶是相当讲究了——有糍粑还是染成黄色的；阴米也是染成五颜六色；油茶里花生、黄豆、葱花一样不少，味道也是甜中带咸、香甜适口。

不过侗族油茶虽然好吃，但要想在堂安随时可以吃到却不太现实。我们多次入驻堂安，想要品尝都未能如愿，只在满月酒上吃到一次。还有一次是夜归，回到侗味苑，为我们等门的老板娘自己端了一碗油茶正在吃，说是没事"喝着玩"，问我们要不要吃？因为太晚不好意思打扰，就婉拒了。在满月酒席上，我边喝着特制的油茶边向身边一位妇女打听为什么平时没地方买到，她告诉我："（打油茶的）阴米啊这些家家都做得有，要吃烧油茶汤就是，哪个会拿来卖嘛。而且现在（寨子里的）年轻人喜欢到外面去吃早点，很少在家里弄（油茶吃）。"

【腌肉（鱼）】　　腌鱼和腌肉是侗族腌酸食品中最有代表性的，味道咸中带酸，十分可口。腌鱼一般是在八九月份开田捕鱼之后，此时自家田里的鱼最是肥美。做时将鱼剖开，去内脏，抹上一层盐粉，渍三四天，用糯米饭、辣椒粉、姜末、花椒、蒜泥、料酒、食碱加水拌成糟料，填充鱼腹，然后一层鱼、一层糟料，堆放在醃桶内，上盖芭蕉叶或棕叶，四周用禾草密封，剩余的糟料装袋亦压在上面，桶上灌以清水，使之隔绝空气，一般 40 天以后即可食用。一位陆姓妇女告诉我们："（醃鱼）放盐少了会酸，盐多可以放得久一点。吃时可以用油煎一下或者烤一下。也可以吃生的。我们自己做的是自己家养的新鲜鱼，做好了我们可以吃生的，但你们在外面吃的有些是死鱼做的，必须要搞熟才吃。"

醃肉与醃鱼的制作方法基本相同。但其制作时间稍有不同，只能是在深秋至春分以前这段时间，一方面是因为如果长期气温较高，制作时肉容易变质；二是如果夏天制作，肉中的肥肉容易化成油汤，无法保存。

在卖酒的小老板家里我们发现了做醃鱼（肉）的工具——一种特制木桶。老板嬴维银向我们介绍说："这是

在潘正才老人家里，老人的儿子、潘家兄弟热情邀请我们和一大家子人一起共进午餐，上了侗族特色食品醃肉，据说醃肉不需蒸煮，生吃最有味道。

腌鱼　　　　　　　　　　　　　　　　　　　　　　　　　　　　　　　　　　　腌桶

我们专门用来腌鱼腌肉用的桶。把新鲜肉切好或者鱼洗干
净，用糯米辣椒粉和生姜啊这些拌匀，找一种树叶来放在
上面，然后用大石头压住，水就慢慢出去了，里面的肉就
干了，就算熟了，可以直接吃了。以前是几乎每家每户都
做，待客才拿来吃，现在生活好了，做的人也少了。以前
白喜事的时候腌鱼是一定要有的，用得也非常多，一个人
算三两，你算下，几百号人，要用多少。结婚不用腌鱼。
白喜事时早上用（腌鱼），晚上吃一串串的烤的猪肉。道
理我不知道。我十几岁时都还是这样。腌鱼我们都是用田
鱼，自己养的。吃起来好吃也放心。"

【牛瘪】将牛肉煮熟切成薄片，再将牛胃或者牛肠子
里的未消化的百草溶液用锅煮熟，滤去渣再与牛肉拌匀。
吃时加五香、薄荷、辣椒面等，其味清爽易于消化。[19]

〔19〕冯祖贻，朱俊明，潘年
英等著《侗族文化研究》，贵
阳：贵州人民出版社，1999。

影像·堂安

浓缩的侗乡
——
堂　安

T
A
N
G
A
N

1

4

8

2

5

9

3

6

10

7

11

12

13

14

15

17

18

19

16

20

1. 下午 2 点过,"祭萨"即将开始。村里的小伙子们敲锣打鼓地走在各条村中小路上,用锣鼓声邀请各家中早已梳妆打扮好的女孩,到鼓楼集合。
2. 身着全套侗族服装的大小女孩集合在一处,等待列队。
3. 盛装的小女孩们欢快地走在队伍的最前面。
4. 少女们略带羞涩地走在女孩们的后面。
5. 成群结队走向鼓楼。
6. 汇集在鼓楼旁边的小路上。
7. 与寨老队伍汇合,在萨堂下等待。
8. 一位寨老拿着一把红雨伞从萨堂走出来。
9. 第二名寨老提着一个红色的篮子走出来。
10. 寨老们又带领着队伍走进鼓楼。
11. 小伙子们紧跟在寨老们的后面,依然敲打着手中的乐器。
12. 盛装的女孩队伍紧跟其后。
13. 全体"祭萨"队伍鱼贯进入鼓楼,绕着坐在火盆四边的寨老,先左三圈再右三圈地边唱歌边游走。
14. 寨老们围坐火盆四周。
15. 寨老潘正才领念经文。
16. 左三圈右三圈绕完之后,队伍向外延伸到鼓楼外的坪上,继续边歌边舞。
男女青年开始对歌。双方各有一
17. 两个领唱。
领唱的女青年。
18. 领唱的男青年。
19. 场内欢声笑语继续,场外已经在
20. 准备歌舞结束后全村老少的聚餐……

后 记

　　《浓缩的侗乡——堂安》这本小册子实际上是索晓霞研究员承担的国家社科基金课题"少数民族传统乡村社区文化环境的保护与发展研究"的延伸产品。课题组最初选择堂安作为侗族文化重点考察点的重要原因在于，这里被世界著名的挪威生态博物馆学家约翰·杰斯特龙先生赞为"人类返璞归真的范例"，这里有中国与挪威两国政府共同兴建的、中国唯一的一座"侗族生态博物馆"——堂安侗族生态博物馆。

　　不过在多次深入考察和入户访谈之后，我们发现一个课题的容量远远不能展现我们所收集到的村民生活场景、民间传说故事等民族文化基因，和其间蕴涵着的特色鲜明的侗族文化内涵。大家都觉得把这些第一手的有趣资料整合起来，做成一本以"访谈"和"体验"为主线的展现堂安侗族文化的小册子，是一件很有意思的事情，于是便有了《浓缩的侗乡——堂安》一书。因为我正好负责这部分课题内容写作，因此署名为这本小册子的执笔人，在此特别说明，本书是全体课题组成员的劳动成果，是集体智慧的结晶。

　　本书采用了大量图片展示堂安侗族的文化生态。图片主要来源于课题组成员考察工作中的记录，还有一些是随行摄影师朱怀连、伍波先生的作品。另有一些图片由堂安村的摄影爱好者赢国辉、堂安侗族幼儿园教师陆安美提供。在此表示感谢。

　　调研中，堂安村支书吴坤龙、村长赢勇文、歌师陆跃刚、村民潘正才、潘云光、杨秋莲、吴永利、陆珍贵等，或详细介绍民风民俗，或主动表演侗歌侗戏，或热情讲述民间故事，提供了极为丰富的素材，于此一并表示感谢。

李 桃

2015 年 8 月 20 日

图书在版编目（CIP）数据

浓缩的侗乡——堂安 / 李桃著 . -- 贵阳 : 贵州人民出版社 , 2017.2
ISBN 978-7-221-13088-4

Ⅰ . ①堂… Ⅱ . ①李… Ⅲ . ①侗族 – 乡村 – 概况 – 黎平县 Ⅳ . ① K927.34

中国版本图书馆 CIP 数据核字 (2016) 第 016452 号

责任编辑：张良君　代　勇
装帧设计：刘　津
封面绘图：张锦玉

浓缩的侗乡——堂安

李　桃◎著

出版发行：贵州出版集团　贵州人民出版社
地　　址：贵阳市观山湖区会展东路 SOHO 办公区 A 座　邮编 /550081
印　　刷：深圳市新联美术印刷有限公司
版　　次：2017 年 3 月第 1 版
印　　次：2017 年 3 月第 1 次印刷
开　　本：1/16
字　　数：120 千字
印　　张：9
书　　号：ISBN 978-7-221-13088-4
定　　价：38.00 元